CHÁVEZ
Un hombre que anda por ahí

CHÁVEZ
Un hombre que anda por ahí

Una entrevista con Hugo Chávez
Por Aleida Guevara

Ocean Press
Melbourne ▪ Nueva York ▪ La Habana
www.oceanbooks.com.au

ISBN 978-1-920888-22-5
Library of Congress Control Number: 2005921478

Publicado por Ocean Press
Australia: GPO Box 3279, Melbourne, Victoria 3001, Australia
          Fax: (61-3) 9329 5040 Tel: (61-3) 9326 4280
          E-mail: info@oceanbooks.com.au
EE.UU: PO Box 1186, Old Chelsea Stn., New York, NY 10113-1186, USA
          Tel: 212 260 3690
Cuba: Calle 7, No. 33610, Tarará, La Habana
          E-mail: oceanhav@enet.cu

Distribuidores de Ocean Press
EE.UU y Canadá: **Consortium Book Sales and Distribution**
          Tel: 1-800-283-3572   www.cbsd.com
Gran Bretaña y Europa: **Pluto Books**
          E-mail: pluto@plutobooks.com
Australia y Nueva Zelanda: **Palgrave Macmillan**
          E-mail: customer.service@macmillan.com.au
Cuba y América Latina: **Ocean Press**
          E-mail: oceanhav@enet.cu

ocean

info@oceanbooks.com.au
www.oceanbooks.com.au

Índice

Agradecimientos

A la Editorial Ocean Press por confiar en mi para esta aventura.

No puedo dejar de mencionar al entonces embajador de Venezuela en La Habana Julio Montes, su esposa y al eficiente periodista Sergio Rinaldi, secretario de prensa, quienes soñaron junto a los editores con una entrevista, un libro y un documental y trabajaron para lograrlo.

Al Centro de Estudios Che Guevara por apoyarme y sobre todo a su investigadora principal, Dra. María del Carmen Ariet que dedicó horas de intenso trabajo en la edición de este libro, sin ella sería prácticamente imposible su publicación.

A mis compañeros de trabajo y a mi familia por el apoyo y la paciencia que me han dispensado.

Y por supuesto al Presidente Hugo Chávez Frías por la gentileza de recibirnos y contestar a todas nuestras preguntas con la espontaneidad y la honestidad que lo caracterizan.

A su hermano Adán Chávez por sus aclaraciones y explicaciones.

En fin, a nuestros pueblos por hacer realidad nuestros sueños.

A todos muchas gracias.

Aleida Guevara March

Para la abuela Rosa, porque su nieto la sigue amando

Prólogo

Por primera vez intentaré reproducir en forma escrita una conversación sostenida con otra persona, cosa sumamente difícil para mi. En primer lugar, porque normalmente soy una buena conversadora, pero nunca he escrito algo de tal magnitud, y en segundo lugar, porque muy pocas veces logramos traducir en palabras impresas lo que otros han dicho utilizando la mímica de los gestos, los sentimientos, por tanto sé que me encuentro frente a un gran reto. ¿Podré vencerlo? Sólo la paciencia de ustedes responderá a mis inquietudes.

Es lógico suponer que podrían preguntarse que si no tengo experiencia, ¿por qué lo hago? Y la verdad es que no tengo completa la respuesta, sólo puedo contarles que todo este ejercicio se desenvuelve a partir de una idea concebida por la Editorial Ocean Press, de Australia, para realizar un documental sobre el Proceso Bolivariano, donde se hablara del pueblo y sus dirigentes, de forma tal que se escuchara la voz de los que construyen una Venezuela diferente y contrarrestar, en la medida de los modestos recursos de la editora, las mentiras y tergiversaciones que se dicen sobre este proceso. Pero además, se empeñaron en publicar un libro, basándose en una conversación que sostuvimos el presidente Chávez y yo, y aquí estamos. Me gustó la idea.

Ya conocía algo sobre su vida y su forma de ser, pero siempre es apasionante saber un poco más sobre un ser humano que decide transformar la sociedad, máxime cuando esa transformación está destinada a mejorar la vida de su pueblo, desafiando para ello los grandes intereses económicos que imperan en nuestro mundo, ¿qué lo motivó?, ¿qué vivencias lo impulsan a actuar?, ¿hasta qué medida sus acciones se relacionan con la ternura, con el enfado, o con la consternación?, ¿cómo transcurre la vida de este hombre? Muchas preguntas, poco tiempo. El compromiso es grande, pero dicen en mi país que no hay peor gestión que la que no se hace, así que, ¡adelante!

Como muchas veces pasa en nuestras culturas latinas, hubo una "ligera" equivocación con las fechas y de la nada estábamos montados en un vuelo con destino a Caracas. Supuestamente todo estaba coordinado y nos esperaban, pero, ¡oh, sorpresa!, nadie sabía de nuestra llegada. No obstante, se resolvió el mal entendido y comenzamos a conocer y a familiarizarnos con el pueblo y con amigos y enemigos, en esa amalgama que es la realidad venezolana de hoy.

No voy a cansarlos con todo tipo de detalles, pero quiero contarles que desde los primeros momentos comprendí que debía aprender mucho y sobre todo a cultivar la paciencia. Como soy médico pediatra creía tener un mundo de aguante, pero descubrí que no era suficiente para poder soportar toda la falsedad que esgrimen los enemigos del Proceso Bolivariano, porque puedo entender que al afectarse sus intereses económicos no estén a favor de los cambios, pero es indiscutible que, por primera vez, este pueblo comienza a disfrutar de las cosas que por derecho le pertenecen y creía que, por lo menos, eso debían reconocer.

Por eso me preguntaba ¿hay alguien que pueda negar el derecho a la educación o a la salud con que todos nacemos?, pero, ¿cómo logramos hacer proyectos que lleguen a lo profundo de la población, si no contamos con recursos económicos que podamos destinar a estos objetivos? ¿Alguien sabe cómo hacerlo de manera diferente? Es de sabios estar abiertos a cualquier iniciativa, pero lo que sí es obvio, es que para alcanzar cualquier solución hay que utilizar las riquezas de Nuestra América, para darle una vida digna a los que por siglos han sido olvidados y explotados.

El día 2 de febrero fuimos invitados al Palacio de Miraflores, sede del gobierno, donde el presidente Chávez hablaría recordando la fecha en que tomó el mando del país. Como dato de extraordinario alcance, debo decirles que este es un presidente que ha sido elegido por lo menos cinco veces en un mismo período electoral y todavía pretenden poner en duda su legitimidad y el indiscutible apoyo popular con que cuenta.

Ese día, lo vi por primera vez a poca distancia, apenas un metro de espacio nos separaba, pero sólo fue un instante, porque aterricé con toda mi anatomía en pleno césped. De más está decirles que él ni se enteró del suceso; es un poco loco lo que ocurre cuando se acerca a su gente, todos quieren tocarlo, hablarle y es imposible que pueda ni siquiera entender todo lo que le dicen.

Más tarde, mis acompañantes se encargaron de recordarme la poca gracia que había tenido al caer sobre mi trasero, es una pena no tener imágenes de ese momento para compartirlas con ustedes.

A pesar del incidente, fue muy bueno estar presente, se habían preparado sillas para los invitados especiales y el pueblo quedaba detrás, fuera de las verjas. Ya estábamos sentados unos cuantos, cuando se recibe la indicación de retirar las sillas, abrir las puertas de palacio y permitir la entrada a todos dentro del mismo. Imaginé la sonrisa de mi padre, al recordar su frase de que el pueblo es el único soberano al que servimos, y es muy bueno cuando nos sentimos parte activa de toda gestión del gobierno que elegimos.

Nuevamente el 4 de febrero, un día muy especial en la historia contemporánea de Venezuela, tuvimos el honor de acompañarlos en su celebración. Debo aclarar, que ese día hubo dos marchas, una del pueblo, con alegría, música y cantos y otra de duelo, la desplegada por la oligarquía nacional, mucho menos concurrida, pero que no obstante duele, porque duele comprobar hasta qué punto los intereses mezquinos de algunos provocan la división de un país e intentan entorpecer un proceso legítimo y soberano.

Seguramente ustedes suponen dónde estábamos nosotros y así fue, junto a la alegría y la esperanza de un mundo mejor.

Al fin conocí a Chávez, fueron apenas unos minutos, estaba cerca de la escalera de la segunda plataforma de la tribuna, improvisada en un hipódromo, cuando él subía y Rodrigo Chávez nos presentó, "esta es Aleida Guevara, Presidente", le dijo. Acto seguido él me preguntó que cuándo había llegado y respondí que el sábado anterior, pero rápidamente me dice, "no, tú llevas más tiempo". "No", respondí, "estoy desde el sábado, Presidente". El me miraba desde abajo y con gozo me dijo, "tú has estado siempre presente". Sentí algo muy especial, no es sólo que un hombre de esa talla te diga algo semejante, es que comprendí que el que siempre había estado presente era mi padre, el Che.

Confirmamos nuestra entrevista para el próximo sábado y esperamos.

Introducción

Sábado, 7 de febrero de 2004

En horas de la tarde llegamos al Palacio de Miraflores, donde nos comunican que la conversación sería en la Casona Presidencial y para allá partimos.

Llegamos cuando el sol comenzaba a declinar y nos enteramos de que el presidente acababa de terminar una entrevista de 4 horas, también frente a cámaras. Por lógica nos preocupamos, pensando que estaría muy cansado. El tiempo, siempre el tiempo, actuando contra nuestro proyecto.

¿Qué hacer? Como teníamos dos proyectos, un documental sobre el proceso Bolivariano, para el que eran muy necesarias algunas respuestas sobre la historia y la actualidad del país y un libro para el que queríamos más tiempo, decidimos grabar algunas cosas para el documental y proponerle una segunda entrevista para completar el libro.

El problema mayor estaba en mi inexperiencia detrás de la cámara, había preparado una secuencia de preguntas para poder transcribir las respuestas con cierto orden cronológico y que se pudiera percibir el proceso de formación y madurez de este ser humano, que es el Presidente Hugo Chávez Frías, creo que esto solo fue posible en parte.

Primero opté por ordenarlo todo y mostrar algo más claro, es por ello que decidí presentarlo tal y como llegó a mi. No obstante, para hacer más fluida la lectura obvié las preguntas y puse subtítulos a los temas. Deseo que, a través de este diálogo un tanto informal, puedan conocer algo de este hombre y que penetre en sus corazones, tal como lo hizo en el mío.

Preparamos el escenario, dos sillas, un patio en silencio, solo interrumpido por el trinar de un pájaro solitario que no pude identificar, parecía que necesitaba de nuestra atención, pobre, no la obtuvo.

Alexandra, nuestra cámara, estaba muy nerviosa, posiblemente era la primera vez que tomaba la imagen de un presidente, preparó las luces, apoyada por Sierra, otra gran muchacha del equipo. Hablé con Alex, recordando mi formación como pediatra, surtió efecto y trabajó como la profesional que es. Cuando más tarde vimos la grabación, el encuadre era hermoso, tranquilo, nítido y el sonido claro y fuerte.

Después de algunos minutos, ya listos, entró el presidente cargando en sus brazos al nieto de 5 meses, no pude resistirme y lo tomé en los míos, fue lindo. Junto a sus hijas mayores y con el fruto de una de ellas, comenzamos la conversación.

Precisamente por eso, es que lo primero que nos comenta no lo recogimos correctamente y sólo repito la anécdota que Chávez nos narró acerca de una pregunta que le hiciera una cadena de la televisión venezolana:

Comandante, diga: "¡Esto sí es televisión!" y vengo yo de bobo: "¡Esto sí es televisión!". Eso lo pasaron como una cuña del canal, no sé cuantos días lo agarraron, eran unos abusadores, lo usaron como eslogan del canal.

Recordé que el presidente recién había salido de una larga entrevista y le explico que voy a comenzar primero, con el análisis de qué lo hace desear una nueva Venezuela y cómo surge la necesidad de provocar un cambio.

PRIMERA PARTE: VENEZUELA, HOY

"Nos quitamos la maldición de Bolívar"

La necesidad de una Venezuela nueva surge de una realidad, que pudiera decir, incluso, es espeluznante, indignante. Surge por muchas razones, pero sobre todo por procesos de maduración de determinadas condiciones, y entre esas condiciones, la conciencia es la más importante, hablo no solo por mí, sino por todo el pueblo.

Desde el punto de vista personal, me hice soldado a los 17 años, ya a los 21 andaba consciente, o adquiriendo un grado de conciencia de lo que en Venezuela realmente había ocurrido en estos, casi, dos últimos siglos. Cómo expulsaron a Bolívar, no lo quería creer, porque nos hablaban de Bolívar, de Simón Bolívar, El Libertador, y después lo expulsaron de aquí, pero no fueron los españoles, no, sino los mismos venezolanos, la oligarquía venezolana lo echó y mataron, además, al Mariscal Sucre, a los 35 años, lo asesinaron y también echaron a la mujer de Bolívar, a la Manuela Sáez, y echaron a Simón Rodríguez, expulsaron a todos los bolivarianos, se adueñaron del país, fue entonces cuando Bolívar dijo "he arado en el mar".

De que sirvió esta m... de independencia, dijo Bolívar, no puedo decir la palabra, pero tú sabes a que me refiero, de que sirvió esta m... de independencia, este excremento, le dijo Bolívar al general Montilla, gobernador de Cartagena, un mes antes de morir, cuando entraba a Cartagena, después de 20 años casi de guerra y la vio llena de niños pobres y de mendigos. Entonces, desde su mula le dijo al general Montilla: "Montilla de que sirvió esta m... de independencia".

Sigue después, todo lo acontecido en el siglo XX. Un país lleno de petróleo, de riquezas de todo tipo, pero, contradictoriamente, de mucha pobreza; un país rico habitado por pobres, y nosotros, sobre todo, los militares de un ejército, herederos directos de lo que fue el Ejército Unido, libertador de Suramérica, sin reaccionar.

Desde niños, soldados casi niños, nos dijeron: "Soldados, ustedes son los herederos de las glorias de Bolívar". Sin embargo, después nos dimos cuenta que nos estaban usando para masacrar a nuestro pueblo cuando salía a protestar pidiendo justicia, como por ejemplo, cuando le quisieron aplicar el electroshok del Fondo Monetario Internacional, ese fue el momento en que ocurrió el Caracazo y nos cayó la maldición de Bolívar, que un día exclamó: "Maldito sea el soldado que vuelva las armas contra su pueblo". Después del Caracazo, yo les decía a mis compañeros, "estamos malditos, esa maldición tenemos que quitárnosla de encima", por eso, pasados tres años, salimos a rebelión un 4 de febrero y nos quitamos la maldición.

Por eso afirmo, que la necesidad surge de un conjunto de condiciones alimentadas por la conciencia. Aquí en Venezuela hubo un proyecto, un proyecto que trascendió los límites de Venezuela hace casi 200 años, el proyecto de la Suramérica unida, de la Gran Colombia, sin embargo se desplomó y lo que está ocurriendo hoy, es tal, que yo lo califico, tomando la frase aquella de Neruda: "Bolívar despierta cada 100 años, cuando despierta el pueblo".

De todo ese cúmulo de hechos históricos, del desplome de un proyecto, del atropello a un pueblo y de la conciencia, surgió todo esto, la conciencia popular que despierta y la conciencia en los militares patriotas, que también ha despertado.

Después del 4 de febrero estuve preso dos años, dos meses y unos días, donde aprendí mucho, incluso, siempre he dicho que la cárcel fue una escuela, creo que habría que pasar por ahí.

En primer lugar, porque se asea el alma, se consolida la convicción y se profundiza en la conciencia. En la cárcel, en todos aquellos días y noches, avanzamos ideológicamente, sobre todo porque éramos presos de conciencia, presos de dignidad, presos con la conciencia de la necesidad del porqué estábamos allí.

Voy a decirte algo que recuerdo ahora, yo era subteniente cuando me envían, en 1977, a un campo antiguerrillero. Andaba siempre con unos libros, pensando mucho, y una de las cosas que recuerdo en ese campo —que, por cierto, fue una escuela—, ha sido la lectura de un libro de Plejanov, *El papel del individuo en la historia*, por lo que me aportó.

Mientras me encontraba allí, vislumbré la idea acerca de la conciencia de la necesidad, de si se está consciente o no del papel que se juega, sea cual fuere, en aras de un proyecto superior, no importa que uno se encuentre encadenado en una mazmorra, de todas formas te sientes libre, porque estás jugando tu papel y estás entendiendo la necesidad de hacerlo.

En la cárcel muchas veces recordé aquellas lecturas de décadas atrás y nunca me sentí preso en verdad, ni desesperado o encerrado, no, me sentía libre en aquel pequeño espacio, sobre todo porque estaba aprovechando mucho el tiempo. En el orden ideológico pude consolidar más, todo aquello que durante años veníamos estudiando, esencialmente, la ideología bolivariana, porque Bolívar no es solo un hombre, es mucho más, es un concepto, es más que una idea, es un conjunto de ideas, donde se une la política con la sociedad, con la justicia, tanto en el ámbito nacional como en el ámbito regional suramericano, en el Caribe y también en el ámbito mundial. Es el hombre que lanzó una idea a nivel internacional, cuando, por ejemplo, hablaba sobre lo que hoy nos referimos como el mundo pluripolar, planteaba la integración de Suramérica y Centroamérica en lo que llamaba la Gran Colombia, para poder negociar en condiciones de igualdad con las otras tres partes del mundo, eso era ya una visión pluripolar.

Bolívar era, también, antiimperialista y así se lo hizo saber a un general amigo, cuando le escribió: "Los Estados Unidos parecen destinados por la Providencia para plagar la América de miseria a nombre de la libertad".

Todo eso me sucedió en la cárcel, leíamos, discutíamos en pequeños grupos, le dimos mayor solidez, mayor dimensión a lo que luego surgió o corrió por las calles como la doctrina del Movimiento Bolivariano.

A nivel del proyecto, la estrategia era cómo lograr la transformación de una situación en otra, cómo trascender, cómo romper. La idea era apenas una semilla, una planta que retoñaba. Aquel 4 de febrero la idea era, solamente, la de una Asamblea Constituyente.

En la cárcel estudiamos mucho más a fondo la tesis que los franceses llamaban o llaman, sobre todo después de la Revolución Francesa, *le pouvoir de la Constitution* ("el poder constitucional"), lo que en verdad, en un origen, era el poder constituyente del pueblo, el poder revolucionario. Así que en la cárcel, profundizamos, consolidamos y cuando salimos, el 26 de marzo, yo fui de los últimos, recuerdo que un grupo de periodistas me abordó al salir del fuerte militar de aquí de Caracas, y una de las preguntas que me hicieron fue, "¿a dónde va usted ahora?" Claramente le contesté que "al poder, sí, al poder", así de sencillito, dos palabras: al poder. Y es que salimos con las ideas más claras, con el horizonte más claro y muy fortalecidos espiritualmente, además con un pueblo despierto, que fue lo más maravilloso que ocurrió.

Ya teníamos la idea estratégica general de derrocar al gobierno y convocar a una Asamblea Constituyente. Era un poco ingenuo, a mi me preguntaban los compañeros militares y siempre les decíamos, convocaremos a un poder constituyente, a una Asamblea Constituyente y después, volveremos a los cuarteles. Era una tesis un poco ingenua, éramos unos muchachos, aquello fue una quijotada, sabes, era un poco, sí, un poco, como aquello que escribió aquel, "vuelvo a sentir bajo las piernas el costillar de Rocinante"[1]. Un poco

---

1. Parafrasea al Comandante Ernesto Che Guevara, en la carta de despedida a sus padres (sin fecha), cuando le expresa: "Otra vez siento bajo mis talones el costillar de Rocinante..." (N. del E.)

una quijotada, por la desesperación ante una situación, pero ya teníamos una idea, un conjunto de decretos, que habíamos elaborado, por supuesto, con la ayuda de un grupo de profesionales y de líderes políticos civiles de la izquierda, uno de ellos fue Cléver Ramírez, viejo combatiente de la guerrilla.

Teníamos contacto con lo que era la Causa "R"[2], pero ellos al final se replegaron, porque nuestra idea era mucho más que una rebelión militar, el concepto era cívico-militar, siempre fue así, incluso con la participación de la clase obrera.

Ayer estaba recordándolo, cuando hablaba con unos líderes obreros, con Ramón Machuca, líder obrero que viene de aquellos caminos, de la Causa "R" originaria, de Alfredo Maneiro[3], un ex comandante guerrillero, un hombre brillante, murió joven lamentablemente.

Nosotros en las reuniones, previas al 4 de febrero, en todo ese proceso de gestación, hablábamos de los batallones obreros, es decir, nos imaginábamos el día de la rebelión, con el pueblo en la calle y gente armada, sobre todo trabajadores y soldados. No se pudo dar aquello por diversas circunstancias, pero sí había un proyecto, llamar a Constituyente, desde el punto de vista político, y que el país continuara transitando por una vía democrática, pero luego de un proceso constituyente que rompiera con el esquema de la IV República.

En los dos años de prisión, esa idea se aclaró mucho más, fue estudiada mucho más y salimos, no todos, porque algunos salieron a sumarse al gobierno de Caldera[4], pero digo salimos a la corriente que yo pertenezco y la que he dirigido en estos últimos años.

Era la idea que irrumpió aquel 4 de febrero, cuando aún tenía los grados de teniente coronel, los mismos que tengo ahora, ahí me quedé. Nos manteníamos como presos uniformados. En varias

---

2. Partido político radical.
3. Fundador de Causa R.
4. Presidente de Venezuela de 1993 a 1998.

ocasiones quisieron quitárnoslo, pero nos negamos siempre. Luego al salir de la cárcel, solicité mi baja porque en verdad no tenía sentido volver al ejército, a un cuartel, era impensable aquello, tenía que irme a la calle, donde había despertado la marea popular.

Los orígenes

Mis antecedentes indígenas vienen por parte de mi papá. Él tiene una mezcla de indio y de negro, de la que me siento orgulloso, porque ser indio para mi es estar en contacto o ser parte de la raíz más profunda, originaria de este pueblo, de esta tierra, la América india. Esa liga, me decía una vez una cubana, una atleta cubana, a la que dimos un humilde reconocimiento por su cooperación acá en el deporte, el año pasado, muy linda ella, no, esa mezcla, de ojos claros, negra.

Entonces le digo, ¡qué linda eres! y le entrego su diploma, y ella me dice, "somos de la mezcla perfecta, indio con negro y un poco de blanco también", entonces no, yo me siento muy orgulloso, sobre todo porque tengo la conciencia de lo que fue el atropello colonial, todo lo que fue la invasión colonialista de la España imperial en 1498, aquí en Venezuela, en 1492 allá en La Española, luego en Cuba y luego en el Caribe. También Inglaterra y Portugal nos arrasaron, por eso es que uno ya adulto, fue despertando. Vine a darme cuenta de esto cuando era militar, siendo militar es que comienzo a despertar, porque cuando era estudiante de bachillerato, lo mío era jugar béisbol, quería ser pitcher de grandes ligas, o del Magallanes, profesional, era mi sueño.

Es más, yo voy a la academia militar no porque quería ser militar, sino porque era la única manera que tenía para venir a Caracas, porque éramos de familia muy humilde, muy pobres materialmente y no tenía mi padre cómo pagarme estudios en Caracas. Así que terminé el bachillerato y me vine a la academia militar, pero con la idea de estar ahí un año, salirme y quedarme en Caracas y jugar al béisbol, para ser pitcher.

Es acá, estudiando la historia, leyendo a Fray Bartolomé de las Casas, por ejemplo, y muchos otros libros de historia, que me doy cuenta de la realidad. Nos atropellaron y es entonces que comencé a chocar con lo que vivía. Recuerdo que a nosotros nos llevaban, siendo cadetes, a desfilar frente a un busto, a una estatua de Colón, y les decía a mis compañeros, pero cómo vamos a estar rindiéndole honores al que comandó la invasión aquí, es el colmo de los colmos. Han tenido que pasar 30 años para llegar, nosotros y este pueblo, al poder, comenzar esta nueva etapa y poner las cosas en su lugar. Y a Colón no lo hemos derribado, está ahí todavía, en su estatua, pero ya no le rendimos honores, ahora le rendimos honores a Guaicaipuro, el jefe de la resistencia indígena, al que los españoles le mataron las hijas y la mujer y que los retó cuando lo iban a matar diciéndoles, "vengan, vengan españoles, para que vean como muere el último hombre libre de esta tierra".

Guaicaipuro, o el cacique Manaure, o el cacique Ma, o Tabacares, los indios, los Caribes, "*Ana Karina Rote auno toto paparoto mantoro*"[5], yo digo eso y me resuena el caribe por dentro, porque soy indio, ligado con negro; un poquito blanco. No somos racistas antiblancos, porque el pueblo más que una abstracción, el pueblo debe ser una realidad concreta. Pero en muchas ocasiones es una abstracción, lo han expresado algunos filósofos, que para que haya pueblo debe haber conciencia en un grupo de habitantes de un territorio con un pasado común, deben beber de la misma fuente y sobre todo tener un proyecto común.

Por eso, cuando se habla del pueblo venezolano hay muchas formas de enfocarlo, incluso acorde con las épocas. Hubo una época

---

5. Grito de los aborígenes Caribe que significa: "Solo nosotros somos hombres, los demás son nuestros esclavos".

en la cual teníamos un pueblo que no era pueblo, no tenía conciencia de su pasado, no bebía de ninguna fuente común, no tenía idea, fue manipulado, engañado una y cien veces.

Era la época, de aquellos —recuerdo, era un jovencito, y ya me daba tristeza ver algunas cosas—, los "mayameros", toda esa clase media que se volvía loca por ir a Miami en vacaciones. "Está barato, dame dos", o "vamos a comprar ropa, está barato, me llevo dos", de ahí que los venezolanos eran conocidos en el mundo, por "botarates", ricos, por las mujeres lindas de los Mis Universos, y por el petróleo, pero Venezuela, la Venezuela profunda es otra cosa.

En la Venezuela profunda puedes encontrar un pueblo, que ahora sí tenemos, un pueblo que ha adquirido niveles altos de conciencia, tan alto que, te voy a contar algo Aleida, quizás con esta anécdota se puede recoger lo que un pueblo es y ha sido de verdad, verdad durante dos siglos y más.

El año pasado, cuando el terrorismo petrolero, económico, de esta oligarquía venezolana y sus aliados internacionales, sabotearon las refinerías, los campos petroleros, llegaron incluso hasta derramar millones de litros de leche, botaban la leche, no llevaban al ganado al sacrificio, al matadero, para que no hubiera comida. Había todo un plan para producir en el país un estallido y un caos, un colapso nacional.

No contábamos con el gas que se vende a la población, sobre todo a las familias pobres, a las de allá arriba, del cerro. Una de esas tardes la situación estaba muy difícil, no teníamos gasolina, no teníamos gas, casi no había comida, estábamos haciendo esfuerzos por todos lados. Recuerdo que Fidel mandó un barco cargado de granos, de caraotas negras (frijoles) y me dijo por teléfono, "me pagas cuando puedas" y Brasil nos mandó un barco de gasolina, Trinidad y Tobago también, desde Colombia trajimos leche, carne, y hasta donde podíamos abastecíamos. Gasolina no había, hasta que empezaron a llegar estos barcos y había gente que pasaba tres y cuatro días en las largas colas de vehículos, esperando un chorrito de gasolina. El gas también se acabó.

Entonces una de esas tardes, yo le digo a un grupo de compañeros, quiero ir a un cerro, allá arriba, quiero saber qué está pasando allá arriba y nos vamos de incógnito con muy poca gente. Cuando llegamos les dije, me quiero bajar aquí, quiero ver qué están haciendo, había mucho alboroto, el pueblo en la calle, la gente buscando un poquito de arroz, un poquito de plátano, entonces caminamos unos metros y la gente dice: "Chávez y no se qué más", y yo digo, "bueno, cómo están", entonces una señora, entrada en años, negra, fuerte, me agarra por la mano muy duro y me hala, "ven acá, Chávez —con mucha autoridad—, ven acá Chávez, sube por aquí, sígueme, ven, vamos un poco, te quiero invitar arriba". Arriba era una escalera y arriba una planta, subimos, estaban cocinando en una olla, tenían arroz, unas papas, le habían echado plátanos, en fin, una especie de sancocho cocinado con leña.

Aquella mujer me mira a los ojos, profundo y me agarra por aquí, por la solapa, por la chaqueta que llevaba y me dice, "Chávez, se me acabaron las sillas de mi casa, esa leña que se está consumiendo ahí son las patas de la cama, Chávez gastaremos las sillas, el techo de la casa, las puertas las romperemos para hacer leña, pero no te rindas, muchacho".

Es decir, el grado de conciencia de aquella mujer es el grado de conciencia de millones que se han dado cuenta realmente de cuál es el fondo de esta lucha, y no es extraño, la esencia del pueblo venezolano es la de un pueblo hecho batalla, hecho batallón. Bolívar dijo un día y Bolívar llegó a conocer profundamente a este pueblo, "Venezuela nació en un *Big Bang*", se fue todo un pueblo a la guerra, todo un pueblo se hizo ejército, mujeres, hombres, niños casi, se fueron al sacrificio contra el imperio español, eran unos soñadores.

Bolívar fue el primer soñador, un Quijote, vamos a unir toda la América Latina —decía—, la América antes española, en ese tiempo no se hablaba de América Latina, y se fue y se llevó medio ejército hasta el Potosí y allá en Ayacucho, Sucre derrotó al imperio español y unieron a los argentinos, a los del río de La Plata, a los de Chile, a los de Artigas, de allá del Paraná, y se unieron todos en el Ejército

Libertador, y ya tenían la idea de libertar a Cuba y a Puerto Rico.

Una voluntad a prueba de todo. Un pueblo muy firme, que ama mucho, pero no se diferencia del pueblo cubano, en el fondo es el mismo pueblo, yo creo, que si tú conoces al pueblo cubano, como sé que lo conoces, como a ti misma, conocerás al pueblo venezolano, es el mismo pueblo, es la esencia, es la misma esencia de una nación, es que somos una sola nación, Bolívar lo había dicho, la patria nuestra toda es la América y siempre decía "la América antes española".

El proceso revolucionario

Si se analiza cronológicamente, ya lo he dicho un millón de veces, en un millón de lugares, porque fue así como nació la idea de llegar al poder por la vía electoral, porque aquella respuesta que ya comenté antes, del día que salí de prisión, el 26 de marzo de 1994, aquella respuesta a un periodista que preguntó ¿a dónde va usted comandante? y que yo respondí, al poder, aún no teníamos definida la vía.

Aún no teníamos definida para nada la vía, solo la voluntad de continuar batallando, porque nosotros, lo he dicho y te lo repito, esta revolución es pacífica aun cuando no ha sido del todo pacífica, aquí ha corrido sangre en varias ocasiones a lo largo de este camino, pero digamos que ha tomado un camino pacífico, democrático. Una vez lo dije, que no se equivoque la oligarquía venezolana, que no se equivoquen los contrarrevolucionarios de aquí, de cualquier parte, porque esta revolución es pacífica, pero no está desarmada, son dos cosas distintas.

Nosotros tenemos una revolución pacífica, pero armada. Y las armas no están en la montaña, están en los cuarteles, estoy hablando de armas de guerra. Además, están las armas de la ideología, de la constitución, de la conciencia, pero hablando de arma de guerra, tenemos también armas de combate.

Volviendo atrás, te decía que no estaba definida la vía de la lucha, estuvimos esbozando, evaluando, todo el año 94; salimos con una consigna, porque había elecciones ese mismo año, para gobernadores y alcaldes y había muchas ofertas de que lanzáramos candidatura, yo como candidato a una gobernación, el otro quería que nos sumáramos a los partidos que ya existían, algunos se fueron, la minoría, para algunos partidos y se lanzaron de candidatos, incluso alguno de los que salimos de prisión, llegó a ser gobernador, pero nosotros decidimos fortalecer el Movimiento Bolivariano, fortalecer la vía constituyente, evaluar cuál podía ser la vía sin tener que llegar a la vía armada, aunque nunca dijimos que estaba absolutamente apartada.

Empezamos a evaluarla en el 94 y en el 95, a conformar el movimiento en todos los pueblitos. Recorrimos el país por todos lados, primero en un camión viejo, que nos lo quemaron, después en una camioneta vieja, que también me la robaron. En un momento determinado, en el 96, teníamos un acto de aniversario del 4 de febrero, un año después de haber salido de prisión, era el tercer aniversario, resulta que del cuadro de dirigentes nuestros, todos estaban presos, menos yo. Fue aquella vez que le dije a Caldera que si quería viniera por mi o mandara por mi, apostando a ver quién duraba más, si yo preso otra vez o usted en el Palacio de Miraflores.

Nos tenían cercados, difamados, que si la guerrilla colombiana, que si con Fidel íbamos a hacer la guerrilla gran colombiana de Suramérica, etc. Pero nosotros, contra viento y marea consolidamos un movimiento, el Movimiento Bolivariano Revolucionario, pueblo por pueblo, ciudad por ciudad, barrio por barrio, en las universidades, en las fábricas, y todo aquello se fue extendiendo como una gran red. Además, inyectándole ideología, inyectándole el proyecto, la idea o la trayectoria estratégica, que no era otra que el proceso popular constituyente. Andábamos con un mapa estratégico, me lo sé de memoria y más nunca se me olvidará porque lo expliqué hasta en la arena. Nos metimos hasta en los pueblos indígenas, en la selva, en los campamentos de los mineros, no hubo sitio que no recorriéramos en el 94, el 95 y el 96, evaluando todo.

El 97 se abrió una vez más sobre la vía hacia el poder y venían las elecciones del 98. La encuesta que manejaba el establecimiento, decía que Irene Sáenz iba a ser la próxima presidenta, tenía 60 por ciento de popularidad. Ella fue Mis Universo, muy linda, y era alcaldesa de aquí de Chacao[6], era la esperanza, como la última esperanza blanca, ¿de qué? De lo que estaba muriendo, porque Caldera se hizo presidente el 4 de febrero, fue el único del 92, el único líder político de la vieja clase que no nos condenó a nosotros, los militares rebeldes, sino que más bien dijo que un pueblo con hambre no defiende democracias. ¡Ah!, pero es que el viejo zorro, dijo lo que el pueblo quería oír, ese día resucitó de entre los muertos políticos y dos años después ganó las elecciones presidenciales. Pero vino a terminar de hundir el barco, vino a terminar su obra, porque era uno de los padres del Pacto de Punto Fijo[7].

A Irene Sáenz la estaban buscando los viejos partidos, la oligarquía criolla y sus aliados internacionales. Como es mujer, pensaban, vamos a llevarla y la fueron preparando y la tenían en todas las encuestas, parecía imbatible. Cuando faltaban dos años para las elecciones, a Irene Sáenz le daban casi un 80 por ciento ¿Y Hugo Chávez? En una ocasión, estaba viendo un programa por la televisión, yo no iba porque estaba vetado de la televisión, de la prensa escrita y de la radio, llegaron incluso a expulsar a periodistas de los medios por haberme entrevistado y haber difundido por radio una entrevista grabada o llegaban y cerraban una emisora porque me entrevistó. Estaba vetado para los medios de comunicación.

Esa noche, estaban hablando de las perspectivas electorales: Irene Sáenz, 75%, Claudio Fermín 10 %, y recuerdo que uno de los presentes en el estudio preguntó al que estaba explicando: "¿Y Chávez, el

---

6. Nombre de un cacique que lleva un municipio del distrito capital.
7. Pacto firmado por la Unión Republicana Democrática, el Partido Social Cristiano (COPEI) y por Acción Democrática (AD), el 31 de octubre de 1958, donde los líderes de dichos partidos se comprometían, entre otros aspectos, a que el partido que triunfara en las elecciones conformaría un gobierno de Unidad Nacional, con la presencia de todos los partidos firmantes, en el gabinete y con un diálogo permanente entre los dirigentes. Este Pacto se rompió en abril de 1960.

comandante Chávez no aparece por ahí en las encuestas de ustedes?" Le responden que no, que eso había sido un mito, eso se había acabado. Por supuesto que me reía, porque andaba en la calle y sabía el impacto que teníamos nosotros, no en lo personal, sino el movimiento y la propuesta bolivariana. Pero contra todos esos pronósticos, contra nuestros propios temores de que nos hicieran fraude, no teníamos dinero y me preguntaban, "Chávez, ¿vamos a pagar propaganda? ¿Con qué dinero? No sé. Y ¿cómo vamos a hacer con la campaña, vamos a enfrentar a estos que son millonarios, que tienen televisora? No sé, no sé con qué, pero creo que esa es la vía".

Empezamos a trabajar la vía electoral, nos fuimos por allí y ocurrió lo que ocurrió el 6 de diciembre del 98. Le dimos una batida, del pueblo consciente, a pesar de toda la campaña que nos hicieron, de que Chávez estaba loco y lo decían una y mil veces por televisión, "Chávez, ese es loco. ¿Ustedes saben lo último de Chávez? Cuando va a cenar se viste de militar, de gala, se sienta a la mesa y su mujer le trae la comida y se la sirve y la silla de enfrente la deja vacía, ¿por qué? Porque es la silla de Simón Bolívar, y además, le manda a poner comida a Bolívar".

Inventaron, también, de que había comandado una patrulla de la guerrilla colombiana para matar a ocho soldados venezolanos, y el entonces presidente de Colombia mandó una carta al de aquí diciendo que era Chávez. Todo eso hicieron, imagínate el despliegue de la prensa y de los comentaristas de radio y televisión.

Hicieron circular millones de volantes por todo el país, de "Chávez traidor", pintaron letreros rojos en las calles de Caracas y en los murales. Cuando fui a La Habana publicaron a todo color el abrazo con Fidel Castro, mi abrazo con Fidel, es entonces que traen de nuevo lo de la campaña electoral, aunque eso había ocurrido en el 94.

Recuerdo, incluso, a especialistas que transmitían por televisión el video de la entrevista con Fidel y la despedida, en la que me acompaña hasta el avión. Yo andaba de civil, pero con un liquiliqui[8]

---

8.   Traje típico llanero.

verde, verde oliva y mi boina roja, así que nos damos el saludo militar de despedida, entonces, ¿sabes lo que hacían? Detenían la imagen en ese momento y se escuchaba a un experto: "Te das cuenta, fíjate, Fidel Castro saluda y baja la mano primero, Chávez queda con la mano arriba, eso en la semiótica y en los símbolos militares significa que él se le subordinó, está subordinado a Fidel Castro".

Todo aquello inventaron,¡ ah!, contrataron a un actor profesional que imitaba mi voz, pero idéntica, que si la oyes así, detrás de una puerta, dices, ahí está Chávez hablando, pero no, no era Chávez, era un actor profesional, lo contrataron, lo llevaron a un estudio y grabaron una cuña, la voz, como si fuera un discurso mío: "Voy a freir en aceite la cabeza de los adecos y los copeyanos⁹" y sacan la cuña, con la cara mía, en un mitin, como si yo estuviera dando un discurso. Nos llega la información de lo que supuestamente había dicho y cuando me entregan la grabación, yo mismo afirmo que esa era la voz mía, era igualita y pienso, "Dios mío, yo no estoy tan loco, no dije eso". Hasta los míos pensaban que lo había dicho.

De pronto viene lo inesperado, el actor denuncia que lo habían engañado, que le dijeron que iban a hacer una cosa cómica, lo pusieron a grabar y le pagaron no sé cuántos millones de bolívares. Afirma que lo habían engañado, que esa no era la voz de Chávez, esa era su voz, "yo lo grabé, pero me engañaron". Por supuesto, fue un golpe contra la oposición.

Continúo con mi decisión, reitero un millón de veces, por un millón de lugares, que voy a ir a Miraflores, que vamos a ir al gobierno para convocar el poder constituyente del pueblo, porque es la única manera pacífica de echar abajo la IV República y dar nacimiento a la V República, de echar un puente entre la vieja situación de la que tenemos que salir y de la que hoy aún no hemos salido plenamente y cabalgar hacia una nueva vía. Era, como decíamos, el punto de

---

9.   Son llamados Adecos los militantes del partido Acción Democrática (AD) y Copeyanos a los del partido Social Cristiano (COPEI).

ruptura, el punto de quiebra, pero había que liberar el poder constituyente y me preguntaban, que cómo de presidente iba a lograrlo, a lo que respondía: "Bueno, convoco un referendo".

Muchos decían que era inconstitucional, que no era posible, pero yo respondía siempre que íbamos a tratar, porque según el basamento constitucional y la ley del sufragio, sí se podía convocar a referendo, claro, nunca nadie lo había hecho y en la Constitución no aparecía tácitamente, no se prohibía, pero tampoco aparecía la figura del referendo como hoy sí aparece. Aparecía por allá, en un articulito de una ley, y yo me agarré de allí y del artículo cuatro de la constitución vieja, que decía más o menos, que la soberanía reside en el pueblo, quien la ejerce mediante el sufragio con los órganos del poder público. Era un debate jurídico y político emocionante.

Llegué a Miraflores el 2 de febrero del 99, como dijo Fidel aquel día, con un mar de pueblo atrás y lo primero que hice fue firmar el decreto llamando a referendo. Introdujeron 25 impugnaciones ante la Corte Suprema de Justicia, para tratar de anular el decreto. Y la Corte, en una decisión dividida e histórica, asumió, para mí, una responsabilidad ante la historia, porque si hubieran cerrado ese camino, aquí no hubiese habido otro que el camino de la violencia, no hubiese habido otro. Creo que fue John Kennedy, que no era ningún revolucionario, pero en una ocasión, en un discurso, dijo, "los que le cierran el camino a una revolución pacífica, le abren al mismo tiempo el camino a una revolución violenta, aún cuando no se den cuenta". Después hicimos el referendo y elegimos la Asamblea Constituyente.

Esta Asamblea fue otro gran debate, porque constituyentes ha habido, hubo en Colombia en el 91, pero no cambió nada. Hubo en Ecuador, ni siquiera concluyó, hubo en Argentina, la hizo Ménem, pero fue para fortalecerse él y su régimen y el proyecto neoliberal.

Nosotros dijimos, tenemos que hacer una constituyente revolucionaria, que desate el poder transformador que está contenido y le dé cauce pacífico. Así fue que la Asamblea se proclamó como una asamblea soberana y plenipotenciaria, es decir, no tenía ninguna subordinación ni al Congreso, ni al Tribunal Supremo o Corte Suprema, ni al presidente, era plenipotenciaria.

Todo eso generó un gran debate, eso impactó en medio mundo, en Washington y en Europa decían que cómo era posible el resurgimiento de una dictadura, sin embargo, no se produjo ninguna dictadura, no se disolvió ningún poder. Se dio una cosa muy extraña, en el edificio del parlamento sesionaba al mismo tiempo, en el ala derecha, el Congreso, el que fue elegido en el 98, donde nosotros teníamos minoría, y en el ala izquierda, la Asamblea Constituyente. Era la revolución en su nuevo camino, por supuesto hubo conflictos de muchos tipos, el pueblo rodeando el palacio y en varias ocasiones estuvimos a punto de irnos por el camino de la violencia.

Así pasó ese año 99, encendido, polémico y de un gran debate. Se aprobó la Constitución en el primer año, en el 99, un año sobre todo dedicado a transformar la política o sea a parir la nueva Constitución, es decir el nuevo proyecto. Ese fue el primer gran paso, todo al mismo tiempo, un gobierno como el nuestro tenía que enfrentar una crisis económica heredada, no había dinero ni para sueldos cuando nosotros llegamos, lo poco que quedaba se lo habían llevado.

Recuerdo las primeras reuniones del gabinete, en el 99, no había dinero, el petróleo, producto de la estrategia equivocada y antinacional y anti OPEP, se basaba sólo en producir mucho petróleo, para así bajar los precios. De inmediato recortamos la producción, pero el precio estaba como por 7 dólares el barril y el presupuesto de ese año, que habíamos heredado, se había calculado en base a 14 dólares. No había dinero para pagar el sueldo ni a los maestros, fue cuando tuvimos que inventar un impuesto, el impuesto al débito bancario.

Por supuesto, la estrategia que se había seguido era la norteamericana, porque nuestro petróleo lo compra sobre todo Estados Unidos, un millón y medio, otra parte Europa y el resto es de consumo interno. Ahora hemos diversificado más, vendemos en el Caribe, en África, pero sobre todo, históricamente, la mayor parte de nuestro petróleo iba y sigue yendo a Estados Unidos.

Eso justificaba el precio de 7 dólares el barril, era regalado, pero era el precio internacional acordado, producto de una sobre oferta en el mercado, como estrategia de Estados Unidos, una maniobra desde la época de Reagan, quien había asegurado en una ocasión que iba a poner de rodillas a la OPEP y lo hicieron. Venezuela se estaba prestando al juego de Estados Unidos, estaba subordinada al mandato de Washington, produciendo más de 4 millones de barriles y los sauditas al ver aquello producían más, generándose la guerra de los mercados. De esa forma el petróleo se regalaba, casi costaba más sacarlo que venderlo.

Desde el punto de vista económico recibimos un país en crisis, con una deuda externa enorme, con salarios deprimidos, una inflación por encima del 35 %, un desempleo cerca del 20%, en fin, la pobreza desatada. Es el momento en que comienza la inventiva revolucionaria, donde decidimos no parar nada y una de las cosas que hicimos fue diseñar el plan Bolívar 2000, recuerdo que lo llamamos "las Fuerzas Armadas a la calle" con un voluntariado popular, para atender a los más pobres, a construir caminos, a reparar escuelas, hospitales, a hacer mercados populares, a buscar comida en los sitios más baratos y llevarla a las ciudades, fue un plan revolucionario de unión cívico-militar, de mucho impacto.

El 27 de febrero del 99, exactamente 10 años después del Caracazo, arrancó el plan Bolívar 2000 para reivindicar, y así lo afirmamos, el papel verdadero de las Fuerzas Armadas al servicio de un pueblo. Salieron más de 60 000 hombres a las 6 de la mañana, se desplegaron por el país, desde los paracaidistas, hasta todos los guardias nacionales, para atender a los más débiles.

Transformación del Ejército constitucional en ejército del pueblo

Era el nuevo ejército, que poco a poco, con trabajo colectivo —porque no es un mérito sólo mío—, durante años, logró sembrar una conciencia, incluso, puedo contar una experiencia personal. En octubre de 1977, el subteniente Hugo Chávez, con 23 años, designado en unas montañas del oriente, se le ocurrió fundar un ejército, el Ejército Bolivariano de Liberación del pueblo de Venezuela, la cantidad de palabras es más larga que la cantidad de miembros que tenía ese ejército.

En realidad éramos cinco y comenzamos a trabajar, desde ese entonces me estaba preparando, leyendo mucho, como ya te conté, era muy inquieto, incluso pensé en irme del ejército varias veces, porque me sentía mal allí. Una noche vi como torturaban a unos campesinos, había todavía guerrillas aquí y un oficial superior a mi, ordenó a un soldado darles con un bate, para colmo era un soldado de los que yo comandaba.

Esa vez tuve un problema muy serio, porque le quité el bate al soldado y le dije "cinco y no te veo, uno, dos, tres, cuatro…", y se perdió por el monte y aquel coronel se puso verde, rojo, negro de ira. Me decía que estaba loco y yo le replicaba que no, que cómo iba a estar golpeándolos, a lo que me respondía que eran guerrilleros y yo insistía que no tenían para nada tipo de guerrilleros, que eran campesinos muy humildes. Más tarde conozco que aparecieron muertos, los habían matado.

Esa noche le dije al oficial, en mi condición de jefe del puestecito aquel, "o pone usted esos prisioneros a mis órdenes o se larga de aquí, porque esto no es un campo de concentración". Ese señor había llegado en la noche a pernoctar, cuando estaba prohibido circular a esa hora por las normas de seguridad, ya que la guerrilla atacaba de noche y fue cuando se le ocurrió torturar a los campesinos.

En otra ocasión, también me metí en un lío porque ya en la ciudad de Cumaná[10] —hace poquito lo recordaba con el gobernador de Sucre—, me mandaron a dar una conferencia en la escuela normal, donde formaban maestros. Esto lo rememoro, porque hace unos días, el 3 de febrero, estuvimos rindiendo honores al Mariscal Sucre, que nació en Cumaná, y cuando íbamos hacia el aeropuerto, le digo al gobernador que está a mi lado, "¡epa!, ¿ esta no es la escuela normal, de aquí de Cumaná? Sí, esa es la vieja escuela, pero eso es un liceo ahora". Es cuando le cuento en el lío que me metí en al año 77, un poquito antes del lío de la montaña, porque me mandaron a dar una conferencia y terminé hablando del Che Guevara, imagínate la reacción, cómo era que un subteniente, uniformado, estaba hablando de Bolívar y del Che Guevara con unos estudiantes. Por supuesto, que de inmediato alguien lo comentó en el comando militar, me llamaron y tuve que hacer un informe del porqué yo hablaba del Che Guevara y lo que se me ocurrió escribir fue que era una forma de estudiar al adversario para conocerlo mejor, pero mentira, yo hablaba del Che como hablaba de Bolívar, como revolucionarios. Lo cierto es que ese trabajo me llevó mucho tiempo, fue media década de los 70 y todos los años 80.

Después fuimos madurando y en el 82, por ejemplo, aquí en el centro del país, ya yo era capitán, éramos un grupo de capitanes, no era el muchachito subteniente con cinco más, ni el ejército aquel que no duró nada, porque tan pronto me cambiaron a mi, los muchachos se fueron de baja, eran todos campesinos, los que unidos nos habíamos limitado a esconder algunas granadas de mano, por si

---

10. Capital del estado de Sucre.

acaso, porque el ejército tenía que tener aunque fuera una granada de mano, la pistola mía y unos fusiles.

Pero luego en el 82, la cosa tomó otro perfil, ya éramos capitanes, estábamos en el cuerpo de paracaidistas e hicimos un juramento, en un samán muy famoso, que aquí se llama el Samán de Güere[11], donde refiere la historia y algunas anécdotas, que Bolívar acampó un día en ese samán. Hace poco que murió ese samán, duró muchos años, trescientos años, un árbol gigantesco, fue ahí donde hicimos el juramento de dedicarnos a la construcción de un movimiento bolivariano en el ejército.

Empezamos a trabajar muy duro, en la década de los 80, no podemos decir que hasta el 92, porque el 4 de febrero fue la erupción, pero aquello estaba fermentado desde abajo, así continuó mientras estuvimos en prisión y también dentro del ejército, hasta que salimos, nunca perdimos el contacto con el ejército, es una cuestión generacional. Quienes comandaron el ejército y las fuerzas armadas, hasta hace poco años e incluso durante el gobierno Bolivariano, la mayor parte pertenecía a otra época, en cambio hoy, ya los jefes militares son de mi generación, son mis compañeros, casi todos.

El general Baduel, por ejemplo comandante del ejército, es uno de los que juramentó en el Samán de Güere, en el 82, y el comandante de la Fuerza Aérea, el general Cordero, piloto de combate, fue uno de los que yo juramenté por allá, en alguna madrugada de los años 80, en la base aérea.

---

11. Este árbol lleva ese nombre por el recuerdo triste del Cacique traidor, aliado a los blancos conquistadores. Era famoso por su sombra cordial y acogedora, por la fragancia de sus ramazones verdes, tónico para el caminante fatigado. Narran que Simón Bolívar realizaba periódicas excursiones hasta el pie del árbol.

Alejandro von Humboldt lo describe así: "no es colina ni grupo de árboles muy juntos, sino un solo árbol, el famoso Samán de Güere, conocido en toda la provincia (de Venezuela) por la extensión de sus ramas, que forman una copa hemisférica de quinientos sesenta y seis pies de circunferencia".

El comandante de la Marina igual, y hasta su esposa, que es capitana de navío, una mujer revolucionaria de hace muchos años, la conozco de mi pueblo. También el jefe de la Guardia Nacional y de ahí hacia abajo, en la medida que la pirámide militar se ensancha, consigues el fermento bolivariano y revolucionario, pero disperso, por ejemplo, casi todos los muchachos que hoy están comandando los batallones, desde muy jóvenes se incorporaron al movimiento, bien sea a labores directas o a labores indirectas.

De esa forma, estuvieron en contacto con un movimiento que además supo tomar la academia militar y las principales unidades militares como cuna de debate, de discusión, es producto de un trabajo de años, el trabajo nuestro fue siempre cívico-militar.

Yo estuve cuatro años de profesor en la Escuela Militar de Cues siendo capitán y también de mayor, junto con mis compañeros Acosta Carles, Acosta Chirinos, Blanco la Cruz, el actual gobernador del Táchira, revolucionario desde que era alférez mayor y yo era teniente. El actual presidente del CADIVI[12], Edgar Hernández, era alférez, auxiliar de la escuela militar, fueron multiplicándose.

En una ocasión, andaba por la frontera, ya me tenían muy vigilado y me sacan de ahí, no tenía comando de tropas, estaba como en el desierto, pero como Plejanov, pensaba en la conciencia de la necesidad, "estoy aquí y aquí debo estar, soy libre", porque sabía que a lo lejos crecía la hierba, como dice el poeta, en todas partes crecía la hierba, en los cuarteles, en las escuelas.

Un día vengo a Caracas. Venía, pero casi clandestino, a Caracas. No me metía en la escuela militar, no, porque rayaba al compañero, al otro, por razones elementales de conspiración. Sobre mi estaban los cañones y los visores del adversario, donde quiera que iba; entonces hacía movimientos de engaño. Venía, sí, pero salía con amigos, me tomaba un trago, jugaba una partida de sófbol y después en la noche me ponía una peluca, imagínate como sería yo con una peluca, o me disfrazaba o me sacaban en el maletero de un vehículo,

---

12. Comisión de administración de divisas.

me cambiaba y entonces aparecía en reuniones, en la madrugada sobre todo.

Una noche me llama Blanco la Cruz, el gobernador del Táchira, era teniente y ya yo era mayor, y me dice, "necesitamos que usted entre a la academia militar, lo necesitamos allá esta noche, yo estoy de guardia". Montamos la operación, cuando tocaron silencio: ¡Tatatán...!, se acuestan los cadetes, los oficiales se van a sus casa, se quedan sólo los de la guardia, me van a buscar, me meten por una puerta de la cocina y por allá, en un jardín, habían arreglado todo, tenían la guardia bajo control, era una sorpresa, porque además sabían o se imaginaban, que yo en ese desierto andaba mal espiritualmente, aunque no era así realmente, por la conciencia que uno desarrolla, aun cuando estés entre el barro no se siente uno mal para nada.

Llegamos a un salón grande, de clases, había muchos cadetes, por supuesto uniformados todos, entro, no sabía todavía de qué se trataba, porque me prometieron una sorpresa y me dejé llevar por los muchachos, yo de civil por supuesto. Se sienta el teniente, el otro teniente, colocan vigilancia en los pasillos obscuros, por si venía alguien, todo en silencio.

En esos momentos, el teniente comienza con su discurso: "Aquí está el jefe de la revolución, conózcanlo, él es el mayor Hugo Chávez Frías". Empiezo a hablar a aquellos muchachos, miraba de reojo, estos se volvieron locos, ¿a tanta gente le vamos a hablar así? Estaban todos comprometidos. Después los juramenté, el juramento bolivariano, terminamos como a media noche, nos fuimos calladitos de allí. Es decir, el movimiento se extendió, incluso el 4 de febrero los teníamos contabilizados en unidades y organizados unos 100 oficiales aproximadamente, poco más de 100, de comandantes hacia abajo y suboficiales. Cuando llegamos a la prisión no cabíamos, éramos como 500, es decir una avalancha de muchachos, con una gran conciencia, porque unos fueron convenciendo a otros y a otros y sabes lo que impulsó mucho ese movimiento, el Caracazo.

Yo he llegado a decir que sin el Caracazo difícilmente hubiera podido ocurrir el 4 de febrero, pues se hubiera alargado más el proceso, pero el Caracazo y la tragedia que conllevó, aceleró el movimiento militar. ¿Por qué? Porque el desastre que ocurrió, lo que vimos luego, todos los muertos, hizo que la maldición de Bolívar nos pegara duro, a pesar de que querían hacernos ver que era Fidel Castro el culpable del Caracazo, porque vino a la coronación, así llamaron a la toma de la presidencia de Carlos Andrés Pérez.

Así lo calificaron en una reunión, de donde yo me levanté y le dije a un general, "mi general, pero usted cree que nosotros qué somos, de dónde sacan la tesis de que Fidel Castro dejó en los cerros de Caracas a 200 cubanos". Fidel vino aquí el 2 ó el 3 de febrero y el 4 de febrero del 89, Carlos Andrés Pérez asume la presidencia. El Caracazo se produce 20 días después, es por eso, que se elabora la tesis de que fue Fidel Castro quien dejó a los cubanos para alentar al pueblo como perro bravo, ¡imagínate que tesis tan absurda!

A pesar de las calumnias y de las falsedades, la conciencia de los militares se fortaleció. En el Caracazo perdimos a uno de nuestros comandantes, Acosta Carles[13], lo mataron y eso, por supuesto nos indignó y a su vez nos dolió muchísimo, por eso lo lloramos, lo juramos.

Para terminar, te cuento otra anécdota para graficarte que no es extraño que hoy, el ejército venezolano y las fuerzas armadas, como un todo, estén volcados en ejecutar diversas tareas, sobre todo sociales, para darle atención al más débil.

El que todo el ejército se negara a seguir las órdenes del Pentágono y de los más de 70 generales y almirantes traidores, impidió que se hiciera efectivo el intento del 11 de abril. No pudieron mantener el control ni de un solo batallón, perdón, ellos eran un batallón, un batallón de generales, pero las tropas terminaron deteniéndolos y metiéndolos presos. Ni un soldado apuntó al pecho de un solo ser humano, aquel 11 de abril del 2002.

---

13. Muerto en extrañas circunstancias durante la rebelión popular de 1989 (Caracazo).

Después del Caracazo, yo trabajaba en Miraflores, en el Palacio Blanco, ahí logré colarme, después que salí de la frontera. Transcurridos unos días, una noche estoy llegando de la universidad, donde estaba haciendo un posgrado de ciencias políticas, yo dormía en una habitación del palacio y un joven oficial se me acerca, no lo conocía mucho, no obstante me dice, "mire mi mayor, necesito hablar con usted, entonces le digo, bien, acompáñame, vamos a la oficina mía", y nos sentamos, el muchacho insiste, "mire mi mayor, por ahí se dice que usted anda en un movimiento". Claro, yo a todas estas andaba a la defensiva siempre, no conocía bien a ese muchacho y le pregunto, a qué te refieres y me responde, "se dice que hay un movimiento bolivariano, no creo que usted no sepa", por supuesto yo me hacía el tonto. "Es *vox populi* que usted anda en un movimiento" y me cuenta cómo en los días del Caracazo, casi una semana de tragedia, a él lo mandaron a patrullar cerca del palacio, y detuvo a varios muchachos que estaban saqueando un negocio, los detiene y los lleva a una cancha deportiva que estaba cerca, por el barrio. Los tiene allí en el suelo, sentados, pero de buena manera, al poco rato los muchachos le piden que los soltara y les contesta que lo haría más tarde y les da algunos consejos para que no fueran a seguir saqueando.

Tenía la intención de soltarlos cuando llegara la tardecita, pero después vino una orden, de una comisión, de que tenía que remitirlos a Fuerte Tiuna[14] o a la DISIP[15]. Cumplió la orden y se los entregó a un comisario de la DISIP, la policía política. Los montaron en un camión, eran, según me dijo, como 12 ó 15 muchachos, se fueron e incluso le dijeron, "¡ah, teniente, hasta luego, pero no nos soltó!"

El teniente recoge su tropa, se van caminando a pasar revista, y como media hora después, en una calle arriba, los vio muertos a

---

14. Sede del Comando del ejército.
15. Dirección general del Servicio de Inteligencia y Prevención (Policía política).

todos, los habían matado. Lloró, protestó, pero le dijeron que se quedara callado, que ese no era su problema.

Andaba que no aguantaba el corazón y terminó diciéndome, "mire mayor, si usted tiene un movimiento dígame, porque si no yo me voy de aquí, yo no sirvo para estar aquí en el ejército, por favor dígame".

Esa noche yo no dije nada por razones elementales de seguridad, sólo traté de motivarlo un poco, le di un abrazo, le dije que también estaba en contra de eso, pero después me dediqué a buscar información con los compañeros que sí lo conocían más, para saber quién era, después acabó en la rebelión militar del 4 de febrero. Pero eso es un caso, hay muchos otros, porque en verdad aquello fue un horror, un pueblo en la calle protestando contra el neoliberalismo, contra las políticas de shock del Fondo Monetario, contra la privatización de todo, el desempleo, el hambre y entonces nos mandan a nosotros a rociarles de plomo el pecho. Y los dirigentes políticos, los supuestos demócratas, hablando de la justicia y la democracia, qué democracia, eso no era ninguna democracia, era una dictadura de partidos y de cúpula, utilizando a las fuerzas armadas y utilizando los medios de comunicación para lavarles el cerebro y para confundir a un pueblo.

Aquí nunca hubo democracia, ahora es cuando está comenzando a haber democracia, estamos lejos de la democracia que soñamos, la participativa plena, la protagónica, pero lo que teníamos era una dictadura de pequeñas gentes, sobre todo la dictadura de la oligarquía, a través de partidos políticos que ella dominaba, como sigue dominando los restos que quedan de la IV República.

Programas sociales de la revolución

Empecemos por el objetivo, fíjate que lo tomamos de Bolívar, quien lo dijo muchas veces y lo escribió, el sistema de gobierno más perfecto es aquel que le proporciona a su pueblo la mayor suma de felicidades posibles; eso es como una gran meta, la mayor suma de felicidad posible para todo el pueblo. Como te decía, comenzamos el gobierno de una revolución política constituyente, pero en medio de grandes demandas sociales. Recuerdo que se me ocurrió convocar en Miraflores a los desempleados, para que se inscribieran, era un ejército, las columnas de gentes daban la vuelta al palacio varias veces, claro, y la gente fue con una expectativa, que luego no pudimos cumplir, aquello fue un error.

Comenzamos el año 99, en medio de un proceso político constituyente, con grandes carencias sociales, horrorosas. En el palacio de gobierno, allá en las afueras y dentro, porque después mandé a pasar a todos los desempleados que venían y los dejábamos dormir aquí. Comprábamos colchonetas, gentes que se venían de por allá lejos, porque los pobres decían, "llegó Chávez, vamos para Caracas".

Aquello era una avalancha de pobres, yo no dormía casi, porque tenía mucha angustia; firmé el decreto constituyente y eligieron la Constituyente. No me olvidé de eso, pero para mi había quedado en manos del partido y de los partidos, no tenía más tiempo, y quizás si me hubiera dedicado más, a lo mejor hubiéramos podido evitar una que otra cosita que pasó, pero el proceso salió adelante y también la nueva constitución.

Esta constitución tiene algunos detalles, que habrá que ir corrigiendo, pero el proceso político y el debate constituyente cogieron su cauce. Se debatió de todo, llegaron los homosexuales a pedir matrimonios del mismo sexo; llegaron algunas corrientes de mujeres a pedir el aborto, el derecho al aborto; llegaron los indios de la selva con sus taparrabos y sus tambores a bailar sus ritos, a pedir sus derechos; llegaron los negros de Barlovento, con sus bailes y sus tambores a tomar el congreso.

También llegaron los niños como sujetos de derecho e hicieron una Constituyente infantil. De igual forma, los evangélicos y los protestantes pidieron el derecho a la igualdad de culto, porque los católicos los acusaban de ignorantes y siempre los relegaban. Salió todo el mundo, hasta las piedras y las serpientes salieron a pedir sus derechos y a debatir y a discutir, entonces la angustia mía era otra, yo como que solté aquello y se desató, entonces me digo, "¡ay! y este pueblo", de ahí surgió la idea del Plan Bolívar. Ese plan lo que hizo fue utilizar a las fuerzas armadas ante un estado, el mismo estado del que yo era jefe. Todos los gobernadores, excepto mi padre, que ganó la gobernación de Barinas[16] contra todos los pronósticos y Manuitt en Guárico[17] por el PPT[18], todos los demás gobernadores eran adecos o copeyanos y estaban en mi contra, por supuesto.

Todos los alcaldes, con excepción de una muchacha, Pastora Medina del PPT, que era alcaldesa por allá, en un municipio del estado Bolívar, todos los demás alcaldes eran adecos y copeyanos. El poder electoral estaba en manos de los dos partidos. El poder judicial, todo, todo, en manos de los dos partidos.

---

16. Estado llanero, tierra natal de Chávez.
17. Estado llanero.
18. Patria Para Todos. Partido político que surge después de la división de Causa R.

Yo era jefe de ese estado, ¡imagínate de qué estado!, para hundirlo, y llegué ahí para hundirlo y por eso juré el día de la toma de posesión, cuando el presidente del congreso me pone la constitución y me dice, jura usted, yo no había pensado qué iba a decir, yo sabía que tenía que decir algo distinto a lo que habían dicho todos los presidentes, al lado tenía a Caldera, el último presidente del Punto Fijismo y entonces se me ocurrió, lo que me salió de aquí decir, " juro" — porque yo debía decir juro hacer cumplir esta constitución —, pero yo no lo iba a decir, eso es lo que se acostumbra, el juramento de un presidente, pero lo que dije fue prácticamente una blasfemia delante de todo ese carcamal de dinosaurios adecos, entre ellos Carlos Andrés Pérez, que estaba en primera fila, era senador, había sido elegido en esas elecciones al Congreso. Entonces lo que digo fue, "juro, delante de esta moribunda constitución", por ahí me fui, no recuerdo más, por allá oí el rumor ¡rrrrrr…!, el rumor del pantano y las fieras al asecho, "juro delante de esta moribunda constitución que haré todo para darle a nuestro pueblo una verdadera Carta Magna a la altura de sus sueños", una cosa así, pero no juré con esta, no, lo que juré fue matar a esta moribunda constitución y enterrarla.

Vamos a volver a los planes sociales. Comenzamos a cultivar, no solo a las fuerzas armadas, sino además a los ministerios con los mínimos recursos que tenían. Todo lo pusimos al servicio de la atención pública, sobre todo de la salud, que presentaba un sistema totalmente destrozado, descentralizado, una de las trampas del neoliberalismo, la descentralización, divide y reinarás.

El sistema educativo estaba cobrando en las escuelas públicas, cobraban, si ibas a inscribir a un niño y a mantenerlo en una escuela pública tenías que pagar lo que llamaban una cuota o una ayuda, pero la ayuda era obligatoria. ¿Por qué?, porque sencillamente en los presupuestos no se contemplaba casi nada para la educación, ni para la salud, era la privatización de la vida, de la vida.

Tampoco había planes de viviendas, así que comenzamos a hacer gestiones, no contábamos ni queríamos contar, Dios nos libre, con el Fondo Monetario Internacional, aunque ellos vinieron, nos invitaron, incluso fui por allá, hablamos con mister Candessus. Todos trataron al comienzo de atraernos, pero decidimos no contar ni con el Banco Mundial ni con el Fondo Monetario, nada que ver y a todas estas, el petróleo por el suelo.

Así comenzamos a activar lo poco que teníamos, es cuando aquella avalancha de pobres demostró que también tenía conciencia y fue que decidimos hablar mucho con el país, fue cuando nació la idea del programa "Aló Presidente". Inventamos un primer programa de televisión que no cuajó, era semanal, "De frente con el Presidente", y un periodiquito que se llamaba *El Correo del Presidente*[19], era un diario informativo, sobre todo para informarle al pueblo lo que estábamos haciendo, la gravedad de la situación en que nos encontrábamos y a llamarles a tener paciencia. Yo he usado mucho una frase de Bolívar, "trabajo y más trabajo, paciencia y más paciencia, constancia y más constancia para tener patria".

Y el pueblo lo ha asumido, incluso en las mediciones de opinión se ha extendido el universo de quienes piensan que la solución a los problemas del país no es a corto plazo, la gente ha asumido que esto es un proceso y que tiene su tiempo.

Comenzamos a lanzar programas y proyectos, cuyo eje central fue el Plan Bolívar 2000, de gran impacto social, eso fue en el 99. Al mismo tiempo me fui por el mundo, la primera meta que nos propusimos fue obtener recursos, recuperar la unidad de la OPEP, recortar la producción, pero no solo nosotros, sino también convencer a los otros países de la OPEP.

No se trataba de que llegara Venezuela a decirles lo que tenían que hacer, de respetar las cuotas, porque era un gobierno nuevo, sino pedirles que unidos todos lo hiciéramos y funcionó el plan, el petróleo comenzó a subir, la OPEP se articuló de nuevo. Hicimos aquí una cumbre que hacía 25 años no se realizaba, de los presidentes de los países de la OPEP. Yo tenía que ir a Bagdad, y un día antes, estando en Teherán, me entero de la irritación de Washington porque

---

19. Primer periódico del gobierno Bolivariano

.

Chávez iba a ir a Bagdad y que, además, consideraban que no debía hacerlo.

Respondí que les iba a mandar unas cremas para la irritación, para que se las colocaran, pero que iría a Bagdad. Dijeron que había una zona de exclusión aérea, que no podía pasar por allí porque podían tumbar el avión, a lo que contesté, "bueno iremos en camellos". Así que llegamos a Bagdad a hablar con Saddam Hussein y a Trípoli a hablar con Al-Kadaffi , pero también a Arabia Saudita, por supuesto, a hablar con el Rey, con el príncipe, a Kuwait, a Dubai, y a Qatar. Después nos fuimos a Nigeria y a Indonesia, más allá de los Siete Mares, fue una gira que hicimos en 10 días, una cosa fulgurante.

Logramos, pero sólo conversando con los jefes, que nombraran a Alí Rodríguez , primero como presidente y luego como secretario general de la OPEP.

Con posterioridad, convocamos a una cumbre y el petróleo comenzó a subir, ya para finales del 99 el petróleo estaba por 16, casi el doble o más del doble de lo que concebimos, eso nos permitió incrementar, sobre todo y a pesar del peso de la deuda externa, el gasto social. Ya para el año 2000, el primer presupuesto que otorgamos fue el de educación, que lo duplicamos en cuanto al porcentaje del producto interno bruto, también el presupuesto de la salud y en el 99 eliminamos por decreto, el cobro de matrícula, así lo llamaban en las escuelas públicas.

Se nos vino una avalancha de niños en las escuelas, tuvimos que convertir cuarteles en escuelas. Hasta en el palacio de gobierno, allá en Miraflores, hay un liceo, lo hicimos donde había una cuadra de soldados, lo arreglamos y ahora funciona y se quedó permanentemente, y en muchos cuarteles existen escuelas, como en la brigada de paracaidistas.

Al prohibir nada más que el pago de matrículas, habíamos previsto un incremento de unos 300 mil muchachos en las escuelas, por lo que tuvimos que solucionarlo con los miembros del Plan Bolívar, los voluntarios, entre otros. A la par de la Constituyente, enfrentábamos al mismo tiempo, los enredos políticos y el trabajo social, y en lo económico sobre todo, estábamos tratando de recuperar el precio del petróleo a corto plazo, que era lo único que podía facilitarnos algunos recursos.

¿Sabes a cuánto llegó la avalancha de niños ese año?, ¿cuántos llegaron a las escuelas? El doble de lo previsto, 600 mil. Entramos en crisis, pero una bella crisis, se trataba de dar educación, tuvimos que contratar maestros, pagarles sueldos por debajo, firmar compromisos de pago, incorporar a jubilados que vinieron a dar clases sin cobrar y a militares que también daban clases a los niños. En contraste con todo ese esfuerzo, llegaban niños sin zapatos a los que les decían que tenían que usarlos, es cuando les digo, "por qué zapatos, si cuando yo era niño hubiesen exigido zapatos, no hubiera sacado ni sexto grado". Yo iba a la escuela hasta con alpargatas, no sé si ustedes saben qué son las alpargatas y a veces descalzo porque se rompían las alpargatas. Cuando iba al liceo, en la ciudad, allá en Barinas, a la educación secundaria, iba con botas de goma y rotas, la mayor parte de las veces por debajo, entonces porqué íbamos a estar exigiendo ahora zapatos a los niños. Que vayan descalzos si quieren, que vayan con un short, no hay uniformes por el momento, hasta que los tengamos.

Así que en lo social, en la educación, en la salud, duplicamos también el presupuesto para el año 2000. El país comenzó a perfilar un rumbo, ¡ah!, pero nos cayó una tragedia, la de Vargas[20], eso no estaba previsto, por supuesto, en ningún cálculo. Se vino el mundo abajo en Vargas, 20 mil muertos, 100 mil damnificados y más, todo ese estado quedó arrasado por la avalancha de lodo. Nos trajo otra dificultad mucho mayor, pero hubo una respuesta nacional de solidaridad como nunca antes, incluso de las clases medias y pudientes, respondieron, cooperaron con medicamentos, y el mundo todo. De Cuba llegó el primer avión con médicos cubanos y con

---

20. Estado del litoral central. Se refiere a la inundación ocurrida en diciembre de 1999.

medicamentos, pero también los norteamericanos mandaron unos helicópteros y de Puerto Rico enviaron a unos médicos.

Veías las calles desoladas de Vargas, la tierra arrasada, parecía como si una bomba atómica hubiera caído. Veías médicos y paramédicos, cubanos, gringos, franceses, brasileños y por supuesto venezolanos. Aquello nos llenó de más problemas, pero de más fuerza para sobreponernos a las dificultades. Utilizamos mucho, en aquella ocasión, una frase de Bolívar que es muy famosa, porque ocurrió en medio de un terremoto, de una tragedia en Caracas, en 1812. Simón Bolívar era un muchacho y se paró sobre unas ruinas y dijo que los curas estaban diciendo que era un castigo de Dios, por la independencia, por la guerra contra el Rey, no obstante, si se opone la naturaleza, lucharemos contra ella y la haremos que nos obedezca, eso lo repetíamos también, si se opone la naturaleza, lucharemos también contra ella.

En fin, como ves, ejecutamos planes sociales en el 99, en el 2000, ya con mayor consistencia, en la educación, en la salud y en contraste, el desempleo comenzó a bajar en plena crisis, por lo que fundamos el Banco del Pueblo.

Ese Banco está inspirado, de alguna manera, en una experiencia de Bangladesh, es el Graneen Bank, de Muhammed Yunus[21], incluso vino aquí más tarde. Es un banco no comercial, que no quiere ganar dinero, sino que es un banco para dar micro créditos. Le asignamos algunos pequeños fondos y comenzó el Banco del Pueblo a dar micro créditos, voy a hablar en dólares, imagínate, se reían de nosotros todos los capitalistas, los banqueros, y los analistas económicos, decían, "mira Chávez el loco, créditos de 100 dólares", a veces hasta menos, algunos sin intereses, por ejemplo, a los minusválidos no se le cobra interés. Me acusaban de estar violando la constitución, a lo que contestaba que si eso era violar la constitución, que se viole, de todos modos está muriendo, porque todo eso ocurría paralelo a la Constituyente.

---

21. El Banco de los Pobres. Su fundador y presidente es Muhammed Yunus.

Nació el Banco del Pueblo y empezó a dar micro créditos, creamos el fondo único social, fusionando viejos programas sociales que en la mayor parte no servían para nada, porque eran mecanismos de corrupción y de despilfarro agrupados en un fondo único social, hicimos algunas leyes ese año 99, desde el gobierno, por un mecanismo habilitante para impulsar algunos asuntos sociales.

En el 2000 entramos en una nueva etapa de mayor solidez económica. Ya teníamos la nueva constitución aprobada, fuimos a otras elecciones, en las que nos volvió a legitimar el pueblo con mayor cantidad de votos.

Esas otras elecciones, algunos decían que no hacía falta, pero en todo caso fue la decisión de la Constituyente, de esa forma la constitución cerró la puerta del pasado. Estuve de acuerdo cuando me lo planteó el partido, elecciones de nuevo, de todo el mundo, sí, estuve de acuerdo, incluso puse mi cargo a la orden, ¡ah!, pero entonces elegimos a todos los gobernadores nuevos, porque es que la mayoría eran contrarios, y además el congreso, ahora asamblea unicameral, para luego cambiar la Corte Suprema de Justicia, pero había que crear primero el poder electoral, entonces sí se justificaba, porque empezaba una nueva etapa de la vida nacional, así que mi período fue recortado, fui elegido para 5 años. Sin embargo ese gobierno duró 2 años, luego me eligieron para 6 años, según el nuevo texto constitucional, los gobernadores para 4 y la Asamblea Nacional para 5.

Volviendo a lo social, el 2000 fue un año de recuperación económica, aparejado a los precios del petróleo, porque las giras internacionales intensas que hicimos en el 99 y también en el 2000, surtieron su efecto, comenzaron a llegar inversiones de Europa y empezamos a desmontar el discurso neoliberal que sigue todavía en algunas partes, diciendo que la única forma de atraer inversiones internacionales es privatizando, y además dando grandes facilidades, casi regalando la casa.

Nosotros paramos todos los procesos de privatización que había de las empresas básicas, de la misma PDVSA[22] y fuimos al mundo, a Italia, Francia, Alemania, Rusia, China, India, a explicar nuestro proyecto, desde presidentes y reyes hasta empresarios del mundo entero y empezó eso a surtir efecto poco a poco. Empezaron a llegar los franceses, se duplicó la inversión internacional de Francia, empezaron los rusos a llegar, los chinos y los norteamericanos que estaban aquí no se fueron, porque también les garantizamos a las empresas petroleras sobre todo, siempre y cuando pagaran los impuestos. Se preocuparon un poco cuando cambiamos la ley de hidrocarburos, porque antes pagaban pocos impuestos y ahora pagan más impuestos, por supuesto, no querían que se cambiara, pero la cambiamos, es una ley nacionalista.

En fin, en lo social nos fuimos recuperando, el desempleo empezó a bajar, seguimos creando instituciones. En el 2000, ya contábamos con una asamblea nacional instalada, con mayoría nuestra y mayoría nuestra bastante elevada, teníamos más de dos tercios de la asamblea, lo que pasa es que luego empezaron a saltar la talanquera, como se dice aquí, grupitos, diputados, gente que se coleó[23], que se montó al autobús con otras intenciones.

Ese cambio tiene varias explicaciones, una de ellas, es que a algunas personas en lo individual les faltaba consistencia ideológica, otras personas que se infiltraron, simulando discursos revolucionarios, bolivarianos, pero que en realidad estaban buscando negocios y otras personas, grupos o partidos, como por ejemplo el MAS (Movimiento al Socialismo), que no es ningún movimiento, ni tiene de socialismo nada, no es nada de eso, solo un grupo de negociantes de la política y de las mafias. Llegaron, se aliaron a nosotros y así llegaron a diputados, más tarde ese partido se dividió, pero sus dirigentes históricos se fueron con el adversario, es decir traficantes de la política, negociantes, buscadores de oro, aventureros y otros con muy poca consistencia ideológica.

---

22. Petróleo de Venezuela Sociedad Anónima.
23. Forma popular de señalar que alguien se introdujo sin ser invitado.

Otro elemento que actuó fue la operación cerco, porque en torno a mí comenzó a instalarse un cerco, incluso en una ocasión llegó a decir un oligarca de aquí, "bueno si no pudimos con el bicho, al bicho vamos a domarlo", el bicho era yo, cosa que aquí ha ocurrido en otras ocasiones, han llegado bichos y han terminado domados, Páez, mi general Páez[24], héroe de la independencia, el León de las Queseras, el invencible de los llanos venezolanos, "la primera lanza del mundo", llegó a llamarlo Bolívar, sin embargo terminó domado, su lanza la puso al servicio de la oligarquía, y traicionó a su pueblo y terminó muriendo rico y anciano en Nueva York, yo creo que arrepentido, porque leí sus memorias en una ocasión, largas memorias, y en uno de sus últimos tomos dice, en la últimas páginas, "yo José Antonio Páez nacido en Curpa, provincia de Barinas, en Venezuela, de los libertadores de Venezuela, hubiera preferido morir en un campo de batalla".

Y muchos otros ejemplos, aquí hubo una guerra federal, fue Zamora[25], mi general, el jefe de esa guerra, un gran revolucionario, "tierras y hombres libres" decía, elecciones populares y horror a la oligarquía, invocaba el regreso del gran Bolívar y de la Gran Colombia, exigía tierras para los campesinos, lo mandaron a la guerra y su estado mayor llegó al poder, terminando igual que todos, uno de ellos, Guzmán Blanco, terminó afrancesado, muriendo rico en París y el pueblo pobre, traicionado y engañado.

---

24. José Antonio Paéz (1790-1873), militar y político venezolano, primer presidente de la República.
25. Ezequiel Zamora (1817-1860), militar y político venezolano. Nació en Cua, el 1° de febrero de 1817. Interpretó el descontento social como el producto de la crisis económicamente reinante, debido a la explotación del pueblo por parte de los españoles. Sus consignas sobre el derecho a las tierras para la agricultura, "tierras y hombres libres", la justa distribución de las riquezas, la difusión de las ideas liberales fijadas en el periódico El Venezolano, y su alzamiento armado el 7 de septiembre de 1848, le hicieron merecer ser conocido como "el general del pueblo soberano".

Llegó también la oligarquía con una vieja consigna, si no puedes con el enemigo, únete a él. Me alababan, yo era un muchacho, tenía 45, 46 años, ingenuo, muy ingenuo, era virgen políticamente, permíteme esa expresión, creía en la buena fe de todos, he tenido que ir aprendiendo a punta de golpes, de conciencia y de estudio y gracias a mucha gente es que hemos venido aprendiendo, sin negar que me rodearon los zamuros[26].

Recuerdo, por ejemplo, Venevisión, este canal se ha convertido en la punta de lanza del golpismo, sin embargo, en los primeros días yo era casi que el rey en Venevisión, me invitaron como presidente electo a un programa que duró 4 horas y sacaron hasta una foto, la única foto que existe mía cuando era un bebé, tenía como dos años, con mi hermano Adán al lado, estoy con una franelita, desnudo y tapándome aquí abajo, y aparezco así, chiquitico, peloncito. Es en ese momento, que el animador del programa, hoy furibundo antichavista, decía, "qué bonito era el presidente, qué bonito era" y tocaban arpa, trajeron un conjunto de arpas, apareció mi mamá, aquello daba hasta vergüenza, pero era un plan para tratar de atraerme hacia sus intereses, lo que pasa es que el bicho salió bien bicho y poco a poco, el bicho fue cortando y la mayoría entró a donde nunca debió salir, a sus trincheras del bandidaje, de la canalla[27] y ahí los tenemos hoy.

Es un punto muy importante, porque hay algunos escritores o analistas, periodistas, que han dicho por ahí, recuerdo uno de ellos, que afirmaba que Chávez había hecho un milagro, sin hacer una revolución provocó una contrarrevolución. Que cosa tan extraña. Es gente que viene del marxismo, se entregaron al enemigo y ahora hacen razonamientos como estos y cosas peores y hay toda una tesis desarrollada al respecto en algunos espacios venezolanos, sobre todo interno y también en algunos otros países. No obstante, es imposible

---

26. Aves de rapiña.
27. Forma popular de expresar la basura, la ratonera.

desde el punto de vista matemático, físico, científico, porque no puede haber una reacción sin que haya habido una acción previa. Es imposible que en la arena de un desierto nazcan las amapolas, tiene que haber ocurrido algo, tienes que revisar debajo de la arena, no te confundas, debajo de la arena tiene que haber algo, el abono, alguien echó tierra fértil y abonó para que crecieran las plantas.

La oligarquía nacional

Por supuesto, aquí sí está en marcha un proceso revolucionario de un perfil determinado y específico. Me preguntas que si esta gente, la oligarquía venezolana, los sectores pudientes o como los llamemos, han sido dañados. Yo diría que en lo personal no, nadie ha arremetido contra ellos, en lo económico, familiar o empresarial de alcance menor, tampoco, ninguno ha sido expropiado, pero a un nivel superior sí, y profundamente, porque, en primer lugar, hasta ese 2 de febrero del 99 aquí había un gobierno subordinado a los mandatos de Washington, aquí no había gobierno venezolano. Eran lacayos los que mandaron durante mucho tiempo, ya ahí hay un elemento importante, porque no se trata solo de lo que ocurre en Venezuela, sino de lo que ocurre a nivel internacional.

Por ejemplo, Venezuela participaba activamente en la lucha contra la guerrilla colombiana. Yo estuve en Colombia. Era subteniente antes de los primeros pasos del ejército bolivariano aquel, pero por el lado de la frontera estuve persiguiendo guerrillas colombianas. Luego de capitán, ya por aire, cumpliendo instrucciones del comando militar del que yo obedecía órdenes, íbamos a Colombia, nos reuníamos con militares colombianos, asistí a varias reuniones con militares colombianos porque el lineamiento era que había que combatir al enemigo común, la guerrilla colombiana, e incluso les decía a mis compañeros que cuando había guerrillas en Venezuela, hacía una década, estábamos nosotros también, con los señores que los golpeaban y eran supuestos guerrilleros, no estuve de acuerdo con que los golpearan, pero estaban presos y yo era militar. Vi a unos soldados que fueron masacrados por guerrilleros venezolanos, a uno incluso lo sostuve en mis brazos, moribundo y nunca se me olvidarán sus ojos, "mi teniente no me deje morir", murió, fue allá, en el 77.

Luego, ya en los 80, nos movilizaron y nos orientaron hacia la frontera, para participar en la lucha, por mandato de Washington. Desde el primer día accedimos al poder, dijimos que eso era un problema interno de Colombia y las fuerzas militares venezolanas no tenían sino que custodiar la soberanía de Venezuela e impedir que ese conflicto nos inundara. Pero que no nos lo pidieran, eso dijimos, desde Clinton hasta los Mister que por ahí vinieron, generales, civiles, militares, a los colombianos, al señor Pastrana[28], y a sus generales, se los dije una y cien veces, no nos pidan a nosotros que hagamos entrenamientos conjuntos, no nos pidan a nosotros que les permitamos transportar armas por territorio venezolano para rodear a la guerrilla por otro lado, no, nosotros en eso respetamos la soberanía de Colombia, eso es un problema de ustedes. Ya a nivel internacional hay un cambio importante.

En general, las relaciones con las empresas privadas han sido malas, sobre todo, porque el sector privado venezolano, en buena medida, ha degenerado en las últimas décadas. Aquí abundan los falsos empresarios, no son verdaderos empresarios, carecen de activos, de inversiones en el país, no tienen nóminas, ni trabajadores que produzcan para el país, son simplemente empresarios de maletín que se hicieron ricos a expensas del dinero del estado.

Con esos contratos y corruptelas se fueron convirtiendo en una élite antinacional, desnacionalizada. Yo se lo comentaba a Lula, que sentía al empresariado brasileño con un sentido nacionalista, que ve desde el orgullo de ser brasileño, hasta un esfuerzo por tener un Brasil fortalecido, eso en Venezuela no existe, me refiero al gran empresariado.

---

28. Andrés Pastrana (1954-), político colombiano, presidente de la república de 1998 al 2002.

Desde el punto de vista de los intereses económicos, que es lo que más le duele a un capitalista, no les duele la soberanía, ni los muertos, ni nada de eso, lo que les duele es el bolsillo y las cuentas en dólares. Aquí estaba en marcha, nada más y nada menos, que la privatización del petróleo de Venezuela y eso era un plan que venía avanzando desde hacía por lo menos cinco años e incluso ya habían privatizado una parte, que ahora la hemos liberado, después del golpe. Habían privatizado, nada más y nada menos que el cerebro de PDVSA, se la estaban entregando a una empresa norteamericana dirigida por la CIA, ¡fíjate a quien se la estaban entregando!

Porque es que PDVSA representa no solo los activos que tiene Venezuela hoy, que ya es bastante, sino la gigantesca reserva petrolera que tiene Venezuela. Si nosotros incluimos, como hay que incluir, la faja bituminosa del Orinoco, Venezuela resulta que es o pasa a ser, sino el primero, uno de los primeros reservorios de petróleo en el mundo, incluyendo los petróleos del golfo Pérsico y el gas y toda esa reserva energética que tenemos nosotros. Así que cuando se logra un gobierno como el nuestro, que paró en seco aquello, y no solo lo detuvo, sino que comenzamos una contraofensiva, cuando hicimos una nueva ley de hidrocarburos, quedó establecido definitivamente en la constitución venezolana que PDVSA será para siempre del estado y de la república.

Representan una serie de medidas que afectan los grandes intereses imperialistas, capitalistas, no sólo en Venezuela, los de aquí se quedan corticos, sino sobre todo son los grandes intereses transnacionales de las diferentes corporaciones que tenían el ojo puesto y ya habían invertido muchos recursos en la preparación de la capacitación de los técnicos venezolanos que estaban comprados, les tenían la mente lavada, no obedecían ni siquiera al gobierno venezolano, obedecían al gobierno transnacional y esa es la élite tecnocrática que se alzó contra nosotros en el paro petrolero y que cometió ese hecho, del que nunca hemos tenido noticias de que haya ocurrido en ninguna parte del mundo, de que venezolanos pararon la propia industria petrolera, pararon los barcos, y sabotearon las refinerías, cumpliendo órdenes del exterior. Eran ellos lo que tenían el plan y habían venido entregando la empresa y el petróleo venezolano a esos grandes intereses, ¡mira hasta dónde llega esto! Tiene un alcance mundial. El golpe de abril fue un golpe petrolero, un golpe con olor a petróleo, profundo como el petróleo.

En general, nuestros planes, desde el punto de vista de la participación del estado en la economía, están centrados en PDVSA, que es lo más importante, como dijo alguien, el elefante en la piscina. Detuvimos el proceso de privatización, que es el elemento central de la batalla política y económica, del sabotaje petrolero y económico.

Hubo, en realidad un *lock out* empresarial, el cierre de supermercados, de agroindustrias, de empresas manufactureras, pero a pesar de todo eso, no tenemos dentro de nuestros planes proyectar la nacionalización de supermercados, tiendas, que fue lo que más cerraron, además de otros sectores, como las ventas, las manufacturas, que lo hicieron bajo presión.

Grandes sectores como la agroindustria, que se dieron a la tarea, ahí sí concientemente, de sabotear la producción de carne, por ejemplo, llegaron a boicotear la producción de leche, incluso a derramarla, a enviar grupos armados para dañar las maquinarias de producción de leche, y la distribución de leche.

Optamos por crear empresas del estado en vez de nacionalizar las privadas y ocupar un espacio para competir con ellos. Creamos, bueno ya existía, pero era prácticamente un carapacho formado por casas, una corporación agropecuaria sociedad anónima. Era un carapacho vacío, donde el estado no tenía capacidad ni siquiera importadora. No sabíamos cómo comprar un grano de caraota (frijoles negros), ni dónde comprarlos, estaba totalmente abandonada.

Tampoco teníamos instalaciones ni activos para guardar los alimentos, que se llamaban silos y la distribución y transportación de alimentos se encontraba en cero, todo eso estaba en manos privadas. Ahora nos hemos dedicado a estructurar, a crear instancias del estado, instancias públicas para enfrentar esas tareas de distribución de alimentos.

Respecto a la producción, anoche firmé la autorización para comprarles a unos propietarios privados un central azucarero en el oriente del país. Qué vamos a hacer allí, bueno pasará a manos del estado y vamos a hacer una empresa cogestionaria con los trabajadores.

Es una forma de ir avanzando progresivamente en un modelo mixto de cogestión entre el estado y, sobre todo, con un modelo cooperativista. Pero en fin, por eso te decía, depende de cómo veamos o qué significado le demos a ser más radical, de todos modos, nosotros sí tuvimos o estuvimos a las puertas de una situación que nos hubiese obligado, aún cuando no está en nuestros planes, a tomar medidas de nacionalización.

Por ejemplo, el sector de la banca, la banca privada. La banca se prestó al sabotaje, no abrían las instalaciones bancarias para que la gente retirara sus depósitos, mucha gente tenía el dinero secuestrado por los bancos, por los banqueros, abrían una hora, de 11 a 12 al mediodía y aquella cola de gente bajo el sol esperando, o pusieron un techo, un corralito, como en Argentina, pero impuesto por la banca, no impuesto por ninguna crisis. Recuerdo que nosotros dimos un plazo, era el mes de enero, emplazamos a los banqueros y les mandé a un mensajero.

Les dimos un plazo y les dijimos que si continuaban con esa actitud, dentro de una semana íbamos a intervenir los bancos. Teníamos todo listo para hacerlo, la primera medida era la intervención, según nuestra ley se puede intervenir primero, decretando la emergencia, una emergencia financiera, bancaria, el estado interviene al banco y nombra una directiva.

Después, la siguiente fase sería la nacionalización. Claro, aquí hay que recordar que nosotros tenemos, hemos heredado un conjunto de leyes y dado el carácter pacífico y democrático de nuestro proceso, tenemos que estar enmarcados así, en esas leyes. A nosotros nos ha pasado que, por ejemplo, hemos ocupado tierras, tierras privadas o supuestamente privadas, pero que estaban abandonadas. Las hemos ocupado con campesinos, eso nos ocurrió hace unos meses atrás, unas 10 000 hectáreas por allá en los llanos, de unos señores que dicen que son los dueños de esas tierras, pero estaban abandonadas.

Dimos unas cartas agrarias, las ocupamos y a los cuatro meses, al comenzar este año, un tribunal dictaminó que teníamos que devolverles las tierras a los propietarios. Según ellos, es un lío jurídico, porque ahora habrá que demostrar quién es el propietario, o son estos señores o es el estado, pero en eso pasamos un año, pasamos dos años.

He ahí un elemento que hay que tomar en cuenta y que es una diferencia de nuestro proceso con procesos como el cubano, por ejemplo. La obligación a respetar unas leyes que muchas veces son contrarias o frenan el mismo proceso revolucionario. Y es una carga pesada que anda con nosotros.

Las Misiones

Decía que el año 99, en lo social mantuvimos una actitud defensiva, algunas iniciativas, pero una avalancha, la real ofensiva, fue con el Plan Bolívar en el 2000, con la relegitimación, donde duplicamos el presupuesto y la educación comenzó, digamos, a dar signos de vida, le inyectamos más recursos, comenzó una labor nacional en el sistema de salud con la reparación de equipamientos de ambulatorios, que estaban en el suelo y de los hospitales. Ya teníamos, en ese momento, dos tercios de las gobernaciones con nosotros, esa es la importancia de la relegitimación, ganamos 15 gobernaciones, casi el 50% de las alcaldías, ya teníamos mayor gobernabilidad y mayor capacidad para darle un mayor alto grado de eficacia a los planes sociales.

Luego vino el 2001, fue un año en el cual tomamos la ofensiva social, sobre todo a través de las leyes habilitantes, y ese fue el disparador del golpe de estado, porque hasta entonces la oligarquía coqueteaba, negociaba o buscaba negociar, pero cuando se dieron cuenta que nosotros veníamos en serio con un proyecto transformador en lo político y luego en lo económico, detenemos las privatizaciones de PDVSA, también de la CVG[29] y de todo el complejo del aluminio, que lo tenían listo para privatizarlo y detenemos todo eso por medio de la ley habilitante que es un mecanismo que existe y que siempre ha existido, en la constitución vieja y también en la

---

29. Corporación venezolana de Guayana.

nueva, es cuando la oligarquía comienza a reaccionar airadamente.

El Congreso o Asamblea habilita al presidente, para que en el Consejo de Ministros se aprueben las leyes, pero en un marco definido previamente por la Asamblea, después esas leyes pasan de nuevo a la Asamblea, son revisadas e incluso están facultados para modificar alguno de sus componentes.

La asamblea da potestad habilitante, legislativa al consejo de ministros y empezamos a hacer leyes, sobre todo sociales. Nosotros hicimos 49 leyes en un año y leyes, casi todas, de un profundo contenido social. La ley de tierra por ejemplo, comenzó a desatar la furia de la oligarquía, una nueva ley de bancos, la ley de pesca, que enfrenta a las roscas de la pesca. La ley agrícola, la ley de hidrocarburos, la ley de costas y muchas otras leyes, modificando viejas leyes, elaborando nuevas leyes, pero sobre todo con una consigna general, que tenemos muy clara, si queremos acabar con la pobreza, démosle poder a los pobres.

Es un proyecto transformador para que el pueblo, que ha estado excluido, poco a poco, vaya asumiendo posiciones y adquiriendo poder, esa sí es la verdadera democracia, mucho más allá de la democracia formal en lo político, de elegir o no elegir a un gobernante.

Así que el 2001 fue un año de avance social, sobre todo en esta dirección, ya no sólo coyuntural, sino estructural. Por supuesto, eso desata toda la serpiente, viene el *lock out* empresarial de diciembre del 2001, la conspiración se desata y viene el golpe de estado que nos hizo mucho daño, porque el avance social que veníamos sintiendo y experimentando con mucha insistencia se frenó, volvió a subir el desempleo, se quebraron las empresas, sobre todo las pequeñas y medianas, se frenaron los planes de vivienda, que fue otro de los grandes avances sociales, desde el mismo 99 hasta el 2001, aún con pocos recursos, cuando se construyeron múltiples viviendas.

En una ocasión, me dijo un señor al que le entregué una vivienda, "ya no tengo nada que envidiarle a los ricos, Chávez, porque tengo tremenda vivienda, una vivienda digna, una vivienda completa". Avanzamos muchísimo, luego se frenó en seco en el 2002, eso me ha dolido mucho, ahora lo estamos retomando otra vez, pero el golpe fue duro en lo económico y, por supuesto, también en lo social, en ese año 2002.

Ahora fíjate, no hay mal que por bien no venga, dado el frenazo en lo social, el incremento del desempleo, la inflación, la fuga de capitales, todo eso volvió a hacerse presente. Ya habíamos derrotado la inflación, teníamos reservas internacionales por encima de 21 mil millones de dólares, se la llevaron casi toda, tuvimos que aplicar control de cambio, medidas extraordinarias, para ese entonces entramos en crisis otra vez y surgen las Misiones sociales.

Recuerdo que le planteé a Fidel, en alguna conversación, la idea de la alfabetización, primero en una pequeña escala y luego nos unimos dos mentes que inventan, ¡inventan! Sucedió al regreso de la Cumbre Iberoamericana en Santa Cruz de la Sierra, Bolivia, cuando Fidel desde Cuba comienza a convocar gente y yo aquí llamando a los míos, porque ya habíamos elaborado un plancito.

Esto que te cuento me lo dijo una compañera cubana, que cuando Fidel llega la llamó a una reunión, una noche, y le dice, "mire, el plan es este ¿en cuánto tiempo creen que se puede ejecutar? —era el plan de las bibliotecas populares—, ¿en cuánto tiempo hacemos un millón? ¿Cómo, un millón? ¿No eran cien mil? Es un millón, ¿en cuánto tiempo?" Entonces le dice ella, "bueno serán seis meses comandante. ¡Seis meses, tú estás loca!", le dice Fidel, aquí es cuando ella me comenta, "me dijo loca a mí, pero el loco es él, y usted también, son dos locos que nos han puesto a dar carreras". Bueno pero se hizo, las bibliotecas llegaron y después de una misión, surgió la otra, y la otra, y la otra, y eso no tendrá fin, la Misión Róbinson[30], la Misión Ribas[31], todo lo referente a la alfabetización, con el apoyo cubano.

Yo lo expliqué en Monterrey, porque me pareció indigno lo que

---

30. Plan de alfabetización nacional. Róbinson es el seudónimo de Simón Rodríguez, el maestro del Libertador.

31. Plan para incorporar a los excluidos de la educación media. Toma el nombre de José Félix Ribas, héroe de la independencia.

dijo el presidente Busch en su discurso, y más indigno el que se quedaran callados, casi todo el mundo atacando a la Cuba ausente. Después me tocó hablar a mi y di gracias a Cuba, porque en Venezuela, ese año, logramos reducir la desigualdad e hicimos todo eso gracias a Cuba y al esfuerzo de los cubanos y a todo el esfuerzo venezolano, porque de toda esa integración y ese acuerdo de cooperación firmado entre Fidel y yo en 2001, nacen estas misiones, fíjate en el resultado hasta ahora, sólo hasta ahora:

Históricamente el promedio anual de la alfabetización en Venezuela era de 15 000 y estoy dando una cifra por encima del promedio. En el año 2003, sólo en seis meses alfabetizamos un millón. Si hiciéramos una curva, habría que colocar no sé cuantas láminas en lo vertical, es una curva de cohete, de 15 000 a un millón.

Y con calidad, como decía el infinito Che, lo hemos citado mucho en ese tema, enfocando las misiones, hemos dicho bastantes veces, no, un bojote[32] de veces, que el Che decía que la calidad no está reñida con la revolución. Todo tiene que hacerse con calidad, hemos sido muy celosos en eso, con mucha observación, mucha evaluación, mucha facilitación. Por ejemplo, he visto cosas, como que un hombre de 102 años, que nunca había ido a la escuela, aprendió a leer y a escribir en siete semanas o una mujer de 85 años o unos niños de 8, o de 10 o de 12, que le mataron al papá, me dijo uno llorando, "que nunca había ido a la escuela presidente y ahora aprendí", van para la escuela, para el sistema normal de educación. Eso en cuanto a la educación, pero después surgió, porque la mente no tiene límites, inventar la Misión Sucre[33], al pensar que si todo lo anterior había ocurrido con el millón y medio de analfabetos registrados, qué no pasaría con los estudiantes que habían terminado su bachillerato, sin acceso alguno a la universidad. Así surge la Misión Sucre, cuando

---

32. Recipiente grande que contiene algo.
33. Plan para incorporar a los excluidos de la educación superior. Toma el nombre del Mariscal Antonio José de Sucre.

un domingo la convocamos, se presentó otra avalancha, más de 600 000, ya va para un millón.

Después pensamos en cuántos comenzaron la primaria y no habían terminado el sexto grado, también los llamamos, de nuevo otra avalancha, otro millón, redondeando, y por último inventamos el eslabón perdido. En una conversación con Fidel, en la madrugada, le digo que faltaba el eslabón perdido y me dice "¿el eslabón perdido, Chávez? Sí, el eslabón perdido, los que comenzaron la secundaria y no la terminaron". Los llamamos y ya van por 700 000, como ves cada uno de esos grupos humanos, es una misión. Así que ahorita[34], en Venezuela, está estudiando el 60% de la población.

Razón tiene el presidente Carter[35], cuando vino hace poco y se reunió con unos dirigentes de un barrio, aquí en Caracas, y luego lo dijo en rueda de prensa, cosa que puso a rechinar a la oligarquía, porque Carter ya me lo había dicho en privado, dijo, "vengo de una de las reuniones más bonitas que he tenido en toda mi vida, con dirigentes populares", así lo repitió en televisión, un señor le expresó que en su barrio vivían 200 000 personas y que nunca habían visto a un médico.

Esa es la Misión Barrio Adentro[36], integrada por los médicos y médicas cubanas. Nunca habían tenido médicos, así habían vivido en ese barrio 200 000 personas por más de cuarenta años. Iban enfermos al hospital, que está abajo, y algunos se morían esperando que los atendieran, o las mujeres parían en el suelo, o los niños se morían de asma, de diarrea.

Ahora todos tienen médicos, tú no consigues una persona en ese barrio que pueda decir que no tiene acceso, rápido, en menos de una hora, a un médico, y además, el médico va con la medicina, que no tiene que comprarla.

---

34. Expresión muy común, que significa en este momento.
35. James Carter, ex presidente estadounidense.
36. Plan de asistencia médica con la participación de galenos cubanos.

Por eso Carter lo comentó, además de que otro le dijo, muy jocoso, con mucho humor, que ellos antes en las tardes se reunían en las casas para bailar, tomar unas cervecitas y que ahora solo pueden hacerlo los domingos, por qué, porque después de las cinco de la tarde todos están estudiando, desde los niños hasta los viejos. Todos están estudiando, o primaria o Misión Róbison, aprendiendo a leer y a escribir o sacando el bachillerato, porque todas las misiones empezaron, todas. Incluso, alguien me dijo, "¿tú estás loco? ¿Vamos a comenzar todas el mismo año? Todas, todas, nos dio la locura". Ahí van todas. Pero claro, con una participación popular extraordinaria, y te repito con el apoyo cubano, maravilloso, jamás me cansaré de reconocerlo, de resaltarlo y agradecerlo ante el mundo y ante quien sea, por más rojo que se ponga alguien porque uno nombre a Cuba de esta manera, en cualquier foro mundial.

Ahora bien, Barrio Adentro, Róbinson, Sucre, y en este momento está en gestación una misión que va a ser maravillosa, la Misión Vuelvan Caras[37], en honor a una batalla de la independencia que se caracterizó por un Vuelvan Caras, un grito de guerra de Páez, estamos retomando el sentido del Vuelvan Caras de un pueblo, es una misión para capacitar para el trabajo.

Todas esas misiones se adquieren y se van pensando a través del contacto directo con el pueblo, porque es el pueblo quien lo dice y uno es el contacto. Por eso ese contacto no tiene sustituto, a mi me gusta mucho lanzarme en manos de la masa y oír, y leer muchas cartas que me hacen llegar, pero sobre todo conversar, así, agarrados de la mano, a veces aunque sean 30 segundos, un minuto. Y un minuto con el otro, y 30 segundos, y oír el grito: ¡Chávez!

Recuerdo que una mujer me dijo, hace poco, unos meses atrás, fue en diciembre, "Chávez estoy estudiando —eso fue en Oriente—, voy a terminar el bachillerato, Chávez". Ya la mujer tendrá como

---

37. Plan para incorporar, en diferentes áreas de trabajo, por medio de cooperativas, a los desempleados.

sus 35 años, porque tiene unos hijos grandes, estudiando también bachillerato, ella estudia con sus hijos. Pero también me dijo, "mis hijos están estudiando, mi esposo está desempleado, yo estoy desempleada, tengo unos nietos que están a cargo de nosotros, tenemos problemas, porque no tenemos con qué comer a veces".

Vine en el avión pensando en esa conversación, y me dije, ahí falta algo, entonces inventamos las becas, buscamos recursos en PDVSA, porque PDVSA ahora sí está liberada, por primera vez en toda la historia venezolana el petróleo es de los venezolanos, gracias a la revolución, la hemos recuperado y los miles, son centenares de millones de dólares los que aquí se robaban o se quedaban en el exterior en cuentas secretas, o se los repartían ellos entre fundaciones y donativos. Ahora no, ahora ese dinero va dirigido al pueblo pobre.

Hicimos un plan de becas, que ya va llegando a la meta, que es de 400 000 becas, de 100 dólares mensuales para cada persona. Aún no hemos llegado, pero vamos en esa dirección, ya estamos casi al 50%. Sin embargo, no son suficientes las becas, de ahí es que nace la Misión Vuelvan Caras.

Ahora es que vamos a capacitar para el trabajo, es decir, si estás estudiando matemáticas, con los manuales que llegan de La Habana, allá es que los hacen y con el televisor que llegó de La Habana, de allá viene el televisor y con el vídeo que le enseña castellano y literatura, que viene de La Habana, eso es bueno que lo sepa el mundo, todo eso lo están haciendo en La Habana, y luego los profesores venezolanos y algunos cubanos que vienen a facilitar y sobre todo un gran voluntariado de la juventud venezolana. Sin embargo, puedes estar estudiando matemáticas, biología y hasta inglés y computación, pero si tienes unos nietos y unos hijos como me dijo aquella señora, "la comida qué", es por eso que inventamos la Misión Vuelvan Caras, porque vas a recibir capacitación también para el trabajo,

De forma tal, que te capacitas a lo mejor para hacer camisas y vamos a dar, vamos a organizar cooperativas, he dicho yo como consigna, que cada aula de clase debe ser una cooperativa, una cooperativa que debe recibir algún activo, estamos ubicando y hemos conseguido en estas dos últimas semanas, que casi ni duermo — porque en la madrugada me gusta mucho revisar papeles y llamar gente, para que me expliquen esto y aquello—, hemos conseguido, mira, esta mañana nada más yo era feliz, porque veía unos terrenos que están aquí, cerquita de Caracas, yendo hacia los Teques[38], montaña arriba, 200 hectáreas que son del Banco Industrial, que es del estado desde hace mucho tiempo, porque el Banco Industrial recibió eso como pago de algún deudor que no pudo pagar un crédito, 200 hectáreas de tierra buena para la siembra y eso está abandonado desde hace más de 10 años, antes de nosotros ser gobierno.

El banco lo tiene en venta pero nadie lo compra, de ahí que hayamos diseñado el problema del asunto jurídico. El Banco Industrial le va a dar a la Misión Vuelvan Caras esas tierras en comodato, una figura jurídica, para que lo usen, ¿quiénes las van a usar?, los que están estudiando en todas las misiones, y a los desempleados le vamos a dar ese terreno, para sembrar, para criar, estamos haciendo estudios del suelo, para determinar para qué es bueno ese suelo.

Otro ejemplo lo tenemos en el estado de Zulia, PDVSA tiene una gran instalación que es el tablazo, la petroquímica, pero esa instalación tiene al lado mucho terreno que no se usa, ahí hay casi 1 000 hectáreas muy buenas para sembrar yuca, para producir almidón, que lo importamos, fíjate que absurdo, porque se usa luego para la misma empresa petrolera. El mercado está asegurado, en vez de seguir importando almidón vamos a sembrar la yuca, con quién, con los desempleados de Róbinson y luego le vamos a dar crédito, con la maquinaria necesaria, que no es una cosa del otro mundo, para hacer almidón, para vendérselo a la misma PDVSA.

Te traigo solo dos ejemplos, por aquí, en Guarenas[39], cerca de Caracas, detectamos una hilandería, una fábrica de hilo, pero esos

---

38. Región del estado de Miranda.
39. En el estado de Miranda.

galpones están desde hace más de 10 años en manos del Banco Industrial. Ese banco recibió esa fábrica como pago y se encuentra cerrada, dentro están las máquinas de hacer hilo, todas intactas, todo encerrado en un galpón y solo hay un señor que lo cuida. Hemos decidido abrirlo y que el Banco Industrial lo dé en comodato a la Misión Vuelvan Caras, para comenzar a producir hilo.

Están también los terrenos militares, donde saltamos en paracaídas, conozco varios en diferentes partes del país con una extensión de 10 000 hectáreas, de los cuales se usa solo la mitad para entrenamiento militar.

No hay que descuidarse, hay que entrenar al pueblo para la defensa del país, pero para la otra mitad ya tenemos planes para usarla en criar ganado, porque ahorita estamos importando ganado. Hemos importado más del 60 por ciento de la carne que nos comemos. Cómo es posible, teniendo tanta tierra y tanta agua y tanta mano desempleada, por el amor de Dios, hemos tenido que traer caraotas, cómo lo llaman ustedes, frijoles, de Argentina, de Uruguay, pero barcos y barcos para el plato del venezolano, eso tenemos que producirlo aquí. Es decir, es el concepto del trabajo y de la capacitación para el trabajo productivo.

Este año va a ser fundamental en lo socioeconómico, lo hemos dicho, revolución dentro de la revolución, es la consolidación socioeconómica de lo que hemos logrado hasta ahora. Eso lo dijo una vez Mao Tse Tung allá en los años 60, el gran salto adelante y por eso es que le he dicho al pueblo venezolano y a los militares venezolanos y, primero que nada, a mi mismo, porque tú tienes razón cuando dices que he sido demasiado flexible en varias ocasiones en estos cinco años y acepto mi responsabilidad, estuve al borde de la tumba y te lo voy a decir, no porque estés tú aquí, sino que me sale del alma decírtelo, me iban a fusilar, por allá a la orilla del mar, a la media noche del viernes 12 de abril, la orden que habían dado era que yo amaneciera cadáver.

Cargaba un crucifijo en la mano, me acordé de Cristo y del Che, sobre todo cuando me rodearon unos muchachos muy envenenados, militares, mercenarios, andaban con ametralladoras y uno de ellos se pone por detrás de mi y yo pienso, este me va a disparar por la espalda, así que me volteo y le miro a los ojos, en ese instante me acordé del Che Guevara allá en la escuelita de La Higuera, "vas a ver como muere un hombre, de pie". Afortunadamente en este caso no terminó en mi muerte y no terminó en mi muerte por la misma composición militar.

En ese momento, un helicóptero encendido, el mar sonando con las olas, una estrellita por allá rutilante y unos hombres apuntándome y yo dispuesto a morir, estaba entregado a morir, pero de repente surge un muchacho de aquí, de los mismos que estaban custodiándome, fusil en mano, que dice, "si matan al presidente, aquí nos matamos todos, porque este es el presidente de Venezuela". Se prende el lío, es cuando aprovecho y tomo el control, diciéndoles, "calma, calma, que ustedes son mis muchachos", empiezo hablar con ellos y logro que nos integremos y asumo, les digo, "miren yo soy un preso, trátenme como un preso, pero tengan en cuenta que soy el presidente".

Así me llevaron y nos fuimos a dormir, casi todos a descansar un poco, "mañana amanecerá y veremos —les digo—, pero no pierdan la calma, por favor, no se vayan a estar matando aquí entre ustedes".

Pero volvamos al tema social, estábamos en eso, este año tiene que ser para nosotros ese gran salto adelante, una revolución dentro de la revolución, es lo que me he dicho a mi mismo, no puedo permitir esto hasta donde yo pueda hacerlo, porque tampoco es el yo, es un colectivo. Carlos Marx también decía que los líderes hacen la historia, pero en el marco de las condiciones que les impone la historia, el líder tiene un papel que jugar, ahí está Fidel, en Cuba, Cuba no fuera la misma sin Fidel, aun cuando estoy seguro que Cuba estaría allí, pero Fidel ha jugado un papel fundamental y lo jugó el Che y lo jugó Camilo y él y un colectivo, es el líder y una situación, no es la tesis del caudillo necesario, pero es la tesis más bien marxista o marciana de Marx, de que el líder hace una historia encadenado por la historia, un poco prisionero de la propia historia, de las condiciones de la historia.

Ahora, es cierto que mi actitud flexible y otra vez flexible, antes del 11 de abril, generó o permitió que ocurrieran muchas cosas, por ejemplo, he podido, al menos, tratar de cerrar los canales de televisión, aun cuando a lo mejor en el intento haya podido fracasar, por cuanto las fuerzas armadas, en primera instancia, estaban manejadas por los golpistas, las tenían inmovilizadas, pero me he prometido que si esta oposición, si esta contrarrevolución, si este fascismo, se desatara de nuevo no puedo permitir que mi país, a nuestro país, siendo presidente, lo lleven hasta el borde del abismo, como nos llevaron el 11 de abril.

La respuesta popular nos dio una lección y me dio a mi una lección, después que pasó aquella crisis del momento de que me iban a fusilar y estaba ya en prisión, pero un poco a la ofensiva en lo ético y en lo mental, fue cuando me dije, "no, nosotros volveremos, volveremos", sacaba cuenta de varios meses o de un año, dos años, pero resulta que a los días estaba otra vez en palacio, una cosa como milagrosa, era la respuesta de un pueblo que se fue a las calles por millones y los soldados, que ninguno apuntó a una persona, todo lo contrario, levantaron la bandera y exigieron el retorno a la constitución.

Al retomar este año, con esta Misión Vuelvan Caras, con la consolidación de Barrio Adentro, la Misión Mercal[40] de los alimentos, este año vamos a incrementar el suministro de alimentos a los sectores más vulnerables, más pobres, incluso vamos a subsidiar hasta en un 100 por ciento a una cantidad que va a comenzar por medio millón de personas, que le vamos a proveer la comida, y a otro sector vulnerable también, pero en menor grado que este último, le vamos a vender los alimentos al 50 por ciento del precio establecido en los Mercal, que ya está por debajo de los precios en el mercado nacional.

Este año vamos a profundizar, a consolidar y estoy seguro que en lo político también, no sólo en lo económico y en lo social, en lo

---

40. Mercados de alimentos, instalados en las zonas populares de mayor carencia, para ir resolviendo la deuda social.

político también, porque está planteado el Referendo revocatorio[41] . Estoy casi seguro que no, aun cuando hay que esperar lo que diga el señor árbitro, el ampaya, si es out o si es quieto, aunque todo indica y las mismas declaraciones de la oposición desesperada también lo indican, denunciando rebeliones, que están como un niño jugando béisbol y va a batear.

A mi me recuerda a mi hermano Adeliz, que cuando era un niño, tenía cinco años, se ponía muy fastidioso mientras jugábamos en la calle, si él no jugaba se ponía a llorar, salía nuestra madre y amenazaba con suspender el juego, entonces tenía que jugar obligado y no sólo eso, lo peor es que él tenía que batear de primero y además no se podía ponchar. Así que imagínate, yo aquí con la pelota de goma y él ahí con una tabla ancha, además se la tiraba así, para que le diera a la pelota y corriera, tenía que llegar a primera, quieto, eso si él se quedaba engañado allí en primera, entonces le decíamos, no, quédate en primera, ya llegaste a primera y el juego seguía y él ahí quietico, pero al rato se daba cuenta y volvía a llorar, para volver a batear. Es un poco así la oposición, si el árbitro dice que no hay referendo me alzo, dicen, es un desespero, ellos pudieran tratar de soliviantar la situación, sin embargo ni nosotros lo vamos a permitir, ni ellos tienen fuerza para hacerlo.

Vendrán las elecciones de gobernadores y alcaldes[42] , estoy seguro que vamos a obtener una victoria importante y la economía este año va a mejorar también. El precio del petróleo está a un nivel justo y también todo el plan agrícola, las reservas internacionales por encima de 22 mil millones de dólares, tenemos el control de cambio, de la

---

41. Finalmente, el Referendo se realizó el 15 de agosto del 2004, con la participación de numerosos observadores internacionales y donde por octava ocasión en 5 años, el presidente Hugo Chávez Frías recibió el apoyo popular para la continuidad de su mandato, con un 58,25% de los votos, según datos del Consejo Nacional Electoral. (N. del E.)

42. El 31 de octubre del 2004 se efectuaron los comicios electorales regionales, donde la coalición de las fuerzas bolivarianas se adjudicó 20 de las gobernaciones en disputa, con un total apoyo del pueblo. (N. del E.)

industria, el turismo, es decir el signo de crecimiento ya se siente en lo económico, en lo social, en lo político y en lo internacional, y para rematar el cuadro soplan vientos a favor, ya los Estados Unidos no tienen la misma capacidad de hace cuatro años cuando el gobierno venezolano y la voz mía, en nombre de Venezuela, era solitaria en las cumbres a las que no asiste Fidel, como las de las Américas, por ejemplo, donde estaba solo, ahora no, ahora tenemos un Lula aquí en Brasil, allá más abajo tenemos a un Kirchner, hay vientos muy fuertes de cambios en el Perú, en Bolivia, en el Ecuador, en el Uruguay, en el Salvador, es decir, lo que ha afirmado Fidel. Recuerdo haberlo leído en *Un grano de maíz*, el libro de Tomás Borges, quien le hizo una entrevista a Fidel, que leí cuando estaba preso, y donde Fidel afirma que vendrá una nueva oleada en América Latina, solo que en otro siglo, ahí está la oleada, la tenemos aquí.

Fíjate que en eso Fidel ha sido muy consecuente y con nosotros desde el comienzo muy categórico, porque tenemos un acuerdo de intercambio y lo lógico, desde el punto de vista del intercambio económico entre dos países, es que todos esos libros editados en Cuba, que eso cuesta dinero, el papel, la tinta, el trabajo, la mano de obra, el transporte, lo lógico sería que eso se descontara de la deuda que Cuba tiene con Venezuela producto del convenio petrolero, que no es solo con Cuba, también es con República Dominicana, Jamaica, sin embargo no es así.

Los medicamentos, los medicamentos de Barrio Adentro que los médicos cubanos traen, 55 tipos de medicamentos, eso cuesta dinero, pero Fidel Castro ha sido tan generoso que me dijo desde el comienzo, "Chávez, eso no lo incluyamos en el lote de bienes y servicios", hay otros que sí, equipos para potenciar refinerías, que por supuesto son cosas mucho más estructurales, pero todos estos planes, todas estas misiones, todo este apoyo cubano, no se está pagando con petróleo, nosotros le estamos vendiendo el petróleo a Cuba y Cuba nos está pagando el petróleo tal como lo paga, al mismo precio internacional, solo que el mecanismo de cooperación, que se llama Acuerdo de Caracas, establece que nosotros le vendemos a países hermanos de

América Latina y del Caribe con un descuento, un porcentaje que luego se convierte en una deuda y que ese país lo paga en un largo plazo, con un dos por ciento de interés, con un período de gracia y además puede pagarlo, si hay un acuerdo común, con bienes y servicios.

Pero Cuba paga y pagará como lo hemos dicho, hasta el último centavo de todo ese petróleo que le estamos vendiendo, como otros países hermanos, la diferencia es que antes no se le vendía a Cuba petróleo, Venezuela no le vendía petróleo a Cuba, ¿por qué? Por imposición de Washington, por el llamado bloqueo y la ley Helms Burton, pero a nosotros no nos importa nada eso, Cuba es un pueblo hermano y le vendemos a Cuba, además es un asunto comercial, nos interesa el negocio, vender petróleo y gasolina.

Al terminó de esa primera parte de la entrevista, le entregué, a nombre del Centro de Estudios Che Guevara, los libros que conforman su Proyecto editorial, a través del cual se divulga la obra del Che Guevara y a la vez fuimos invitados a participar, ese próximo domingo, en el programa "Aló Presidente" que se iba a efectuar en Maracaibo. Por tal motivo, gentilmente, fuimos incluidos entre los pasajeros que acompañarían al presidente.

El diálogo que sostuvimos en ese programa se reproduce al final del libro en los Anexos, porque aunque no estaba proyectado dentro de la entrevista, lo que expresó sobre el Che fue muy espontáneo y sugerente.

SEGUNDA PARTE: REFLEXIONES

Introducción

El martes 10 de febrero, en horas de la tarde, regresamos a la Casona Presidencial para realizar la segunda y última parte de la entrevista. Al llegar supimos que el presidente acababa de tener otro encuentro similar, y pensé que sería muy difícil someterlo de nuevo a otra tanda de preguntas iguales o muy parecidas.

Por suerte, esta vez habíamos decidido hacer la entrevista sin las cámaras y quizás eso podía ayudar a estar más distendidos. Pero lo que no estaba previsto era que después de nuestra conversación tuviera otro compromiso que nos restaba tiempo sobre lo acordado y me hacían falta, según mis cálculos, por lo menos dos horas más y solo nos podía ofrecer una.

Sin embargo, lo prometido es deuda y el presidente hizo gala de su caballerosidad y me complació, a pesar de la cara de resignación que puso cuando "discutí" por el compromiso contraído. Sabía, además, que a esa hora de la tarde todavía no había almorzado, por lo que paramos la grabación para que pudiera concluir su comida.

Iniciamos la charla con una breve referencia de mi conversación con el ministro de Defensa, donde nos narra sus experiencias en el golpe de estado y la participación del ejército en las labores sociales. Después Chávez, siguiendo por esa línea, habla de esos momentos y de otros que de igual forma disfruté. Seguramente quedaron muchas cosas por indagar, pero espero que la narración ayude a conocer mejor a este hombre que ya está haciendo historia en América.

El Ministro de Defensa y el golpe de estado

El ejército desde siempre, en este país, hizo grandes negocios comprando municiones que no servían. Una vez, compraron en Israel lanza cohetes múltiples, que cuando los disparaban daban en el blanco, pero cuando ibas a buscar el impacto, eran como de cartón, no le hacían daño a nadie. Morteros que nunca explotaban, sin municiones, tanques de guerra usados que cuando los utilizabas a los pocos años ya no servían.

En el fuerte Tiuna hay cementerios de carros, columnas de camiones como si fueran un gran ejército, con no sé cuántas divisiones, como si hubieran venido de la guerra. En fin, vehículos destrozados que se dañaban al poco tiempo de comprados. Hay casos famosos como el de las municiones yugoslavas y los tanques MX30, fueron casos muy sonados por su inutilidad y despilfarro.

Desde ese entonces, ya se perfilaban los jefes militares, porque incluso los jefes iban escogiendo a los sucesores, era como una sucesión hereditaria incluida la corrupción hecha ya una madeja.

La revolución rompió todo eso y Jorge García Carneiro[43], cuando yo gano las elecciones, era ya general de brigada, recién ascendido, pero los jefes no lo tenían dentro de sus seleccionados. Es entonces que tomo la decisión de llamarlos uno por uno y mandarlos, primero, a la frontera por un tiempo.

---

43. Actual Ministro de Defensa.

Después a Carneiro lo traje de jefe de la casa militar, estuvo conmigo un tiempo, como un año, allá en Miraflores. De ahí, lo ascendieron a general de división y lo mandé para la división de aquí de Caracas. Ahí estaba cuando ocurrió el golpe de estado. Seguramente les contó[44].

Fueron momentos de mucho sufrimiento, conozco de las preocupaciones de Fidel cuando habló con María Gabriela, mi hija y después, cuando lo hizo con el propio García Carneiro, con García Montoya[45], con Baduel.

En el caso de García Carneiro, estaba aquí y asumió todo con mucho coraje, hablé con él por teléfono varias veces, hablamos por radio y después, al final, yo le dije que no se fuera a inmolar, que se entregara, porque lo tenían rodeado y sin embargo resistía.

Es cuando me conminan a presentarme y le digo a Carneiro que yo sabía que estaba en el fuerte junto a otro comandante de batallón. Ya habían comenzado a realizar las redes internas, lo metieron hasta preso en un baño y salió por una ventana. Toda una odisea y después salió a arengar al pueblo. Se montó en un tanque, con un megáfono en mano, ¡son imágenes para la historia!

En realidad, el golpe de estado se veía venir, aunque nos faltó información, unido a la desinformación y a la falta de instrumentos para captarlo plenamente y poder conocer cuándo, cómo, y por dónde. Se sentía en el ambiente, aunque yo creía y confiaba en los mandos militares, en los muchachos, en García Carneiro, que ya eran generales, pero tenían mandos subalternos y comandos de brigadas.

Estaba confiado en el alto mando, no pensé jamás que algunos iban a sumarse al golpe. Así se producen los hechos con varios escenarios, sin tener los mecanismos idóneos para frenarlos, para detenerlos, evidentemente no los tuvimos.

---

44. Ver en Anexos la versión de la entrevista. (N. del E.)
45. Actual jefe del Comando de Defensa Nacional.

Recuerdos de familia

Nací el 28 de julio de 1954. Mi madre estaba esperando una hembra y como buena cristiana y católica que es, le puso al primer varón Adán y yo debía ser Eva para conformar el paraíso. Soy entonces el segundo de los hijos y al no poder ser Eva, me dan el nombre de mi padre y el segundo nombre, Rafael, es el de mi abuelo materno, Rafael Infante. A fin de cuentas, es mi madre la que pone el nombre, al final siempre es así.

Somos en total seis hermanos, varones todos. Adán es el primero, el comunista. Proviene de esa piña de muchachos de la Universidad de los Andes, de Mérida, donde estaba Rafael Ramírez, el actual ministro del Petróleo. Fueron muchachos captados por Douglas Bravo, quien llegó a ser un mito, yo lo conocí mucho, lo conozco mucho. Lamentablemente luego se distanció de nosotros, pero con Douglas trabajé varios años en diferentes proyectos.

Conozco a Douglas a través de mi hermano Adán, cuando regreso de todo lo que te conté sobre lo que había visto en aquel campo antiguerrillero, donde se torturaba y mataba. Me sentía en realidad fuera de lugar, al menos en aquella parte del ejército. Chocaba mucho con los superiores, me arrestaban mucho, me sancionaron bastante, porque yo respondía. Era contestón, "parece un abogado", me decía un capitán. Quería ir a estudiar y un fin de semana en que fui a Mérida, le dije a Adán que me consiguiera cupo, porque ya él estaba de profesor en la universidad. Se había graduado de licenciado en física y se quedó dando clases en la misma universidad.

Era como en el 77, cuando le digo a Adán que me sentía joven todavía, que me había equivocado de camino y que no quería seguir siendo militar. No sabía nada de los movimientos en que andaba, que todavía eran medios clandestinos. Douglas Bravo aún no se había pacificado, todavía seguía enconchado[46], moviéndose clandestino, fue la época de la ruptura del PRV (Partido de la Revolución Venezolana). Era un partido semiclandestino, perseguido, realmente era así y tenía alguna gente armada todavía en algunas montañas, pequeños grupos que quedaban, ya derrotados militarmente, pero buscando el camino ahora político para ver qué hacían. Se metía en las universidades, buscando a la juventud.

Adán entró en esos grupos y también Rafael Ramírez y Tárek Williams Saab, el diputado, ahora candidato a gobernador, todos eran de esa juventud, del PRV. Es el momento en que le digo a Adán que me consiguiera el cupo para estudiar. En seguida me dice que si estaba loco, que cómo iba a pedir la baja, que tenía que estar en el ejército. Es cuando me cuenta en lo que andaba.

Me explica que estaba en el PRV con Douglas Bravo, quien tenía entre sus tesis la del trabajo con el frente militar activo. Estaban incorporados algunos militares, muy pocos, sobre todo retirados que se movían más o menos con ellos, pero dentro de los cuarteles no tenían casi nada, alguno por allá, un médico asimilado, no era militar de carrera, pero hacía su trabajo en la fuerza aérea, el otro era el comandante Izarra[47], pero estaba en el exterior.

A las pocas semanas me reúno con Douglas Bravo. Eso me repotenció[48] y fue cuando me dije que del ejército no me iba. Le encontré sentido al trabajo cívico-militar, conspirativo, ideológico y esa fase fue de varios años. Ya desde el 78 hasta el 82, fueron como cinco años, me reunía con Douglas. Después nos distanciamos, porque aspiraba a ser como una especie de caudillo, cosa que discutí

---

46. Escondido.
47. Miembro del Comando Maisanta.
48. Reforzó.

mucho con él, además de otras cosas, porque tenía una visión de nosotros, los militares profesionales como si fuéramos un brazo armado de la revolución.

Para mi, ya desde ese entonces pensaba que se trataba de la fusión cívico-militar, no estaba de acuerdo en que nos vieran solo como un instrumento armado. Además de ese debate, que no era ni con mucho el principal, yo proponía la participación activa de los militares en el diseño del proyecto político. No quería participar en reuniones donde nada más se hablaba de cuántos oficiales teníamos y cuál era el plan militar, a me interesaba sobre todo el plan político.

De esa forma me fui dando cuenta y comencé a tantear, primero a un oficial muy amigo, como hermano, compadre, que sabía de mis andanzas conspirativas iniciales. Varias veces se reunió conmigo y un día conversando, no de política, se me ocurre decirle que íbamos a hablar con Douglas Bravo, su reacción fue decirme que si estaba loco, que ese era comunista, guerrillero, que mató a soldados, en seguida le contesto que no, que eso era mentira.

Después hablé con otro que no tenía muy fresco en su memoria los años de la guerrilla como para hacer un planteamiento negativo sobre Douglas Bravo, sin embargo lo rechazaba también al igual que mis amigos más cercanos, incluso lo debatíamos, pero no entendían.

De esa forma, es que mantengo relación con el movimiento más que todo personal, seguí trabajando pero con un perfil bolivariano, nacionalista y me di cuenta que eso sí calaba en las fuerzas armadas, eso sí prendía como una semilla en tierra fértil, en cambio hablabas de los ex guerrilleros y la cosa se ponía muy difícil, para avanzar, para discutir, había un rechazo natural, sobre todo por su formación militar.

Bien, retomo el tema familiar. Hablé del nacimiento de Adán y después del mío. Sigue Narciso que está en La Habana, es un perito agropecuario y profesor de inglés. Aníbal es licenciado en historia, profesor, Argenis es ingeniero eléctrico y Adeliz, economista, el número seis. Uno murió chiquitico, que se llamaba Enzo y era el sexto, después de Argenis, se murió a los seis meses de haber nacido, enfermo, como con una leucemia o algo así.

Mi extracción social es campesina y muy pobre. Éramos, digamos, de las clases más bajas, nacimos en una casa de palma con el piso de tierra, las paredes eran de barro, barro mezclado con paja, un bajareque, no teníamos bienes, papá era maestro de escuela, pero no tenía título, apenas sacó sexto grado, así se hizo maestro, pasando cursos y obtuvo su título de maestro con los años. Mamá igual, proviene de una familia campesina muy pobre, de un campo más adentro, lo llaman Rastrojo[49], sin ningún tipo de propiedades

Las relaciones familiares eran muy cercanas y en los primeros años sobre todo con mi abuela paterna, porque nos crió.

Mi abuela Rosa Inés fue la que me crió, había razones que siempre le he oído a mi mamá decir, que cuando parió a Adán, el mayor, vino al pueblo porque era donde había partera. En el monte donde vivían no había ninguna, ni luz eléctrica de planta, nada, entonces papá se traía a mamá a parir a casa de su mamá, de Rosa, mi abuela, en el pueblo.

Mi mamá se quedaba un tiempo ahí con el bebé, regresaba y ya no sé, nunca pregunté la razón por la cual nos quedamos en casa de la abuela, Adán y yo. El caso es que mamá volvía con papá y Adán se quedó y así sucedió conmigo, que también me quedé con la abuela. Claro era un estar siempre cerca, era un verse los fines de semana, cuando venían al pueblo, en bicicleta.

Después nació Narciso, ellos se vinieron al pueblo y mi papá construyó una casita al frente de la casa, diagonal con la casa de mi abuela, que era una casa de palma. Allí vivían mi mamá y mi papá con los otros muchachos que iban naciendo, era una casita de bloque, una casita rural, pero con techo de asbesto y piso de cemento. A menos de 50 metros nosotros, mi abuela, Adán y yo.

De mi abuelo nunca supe nada, nunca se hablaba de él. Hace poco, apenas una semana, vino mi padre y almorzamos juntos, nos sentamos a conversar un ratico, y aproveché para preguntarle el

---

49. Caserío del municipio Alberto A. Torrealba.

nombre del abuelo, porque nunca estuvo presente en los diálogos, mi abuela no hablaba de él.

La abuela tuvo dos hijos, Marcos Chávez y Hugo, mi papá, con dos padres distintos. Marcos es blanco, la abuela una vez me dijo que el papá de Marcos era un italiano de apellido Binonio, una cosa así. En el caso del papá, de mi papá, raras veces se hablaba de ese tema, por eso es que recién se lo pregunté y fue entonces que me dijo, al cabo casi de 50 años, que se llamaba Jorge Rafael Saavedra y que era coleador, que es cuando sueltan el toro y van los hombres a caballo y lo tumban con la soga.

Le pregunté también que si lo había conocido, a lo que me respondió que no, que cuando era muy pequeño su papá se había ido para Guanarito, un pueblo cercano y allá se había casado. Tuvo otros hijos, entre ellos uno que se llama Rafael y que es coleador igual que el papá. Sólo lo vio una vez, porque cuando enfermó lo mandó a buscar pero la mamá no se le permitió.

Como ves, ahora es que tengo idea del abuelo paterno, al cabo de 50 años, supe que era coleador, que se fue y nunca volvió. Además que tuvo otra familia, su esposa y otros hijos, en Guanare[50], allá en el llano.

En cambio mi abuela, La Rosa, era lo mejor del mundo, toda llena de amor, nos enseñaba, era como una maestra. Me enseñó a leer, a escribir, a trabajar, a ser honrados.

Me acuerdo que nos enseñó a leer con una revista que se llamaba *Tricolor*. No se me olvida que una noche le dije, "mamá Rosa —no le decíamos abuela, estaba mamá Elena, que era mi madre, pero también mamá Rosa—, aquí dice rolo, y de pronto, ella tenía una expresión, ¡muchacho!, ¿Dónde dice rolo ahí? ¡Ju! Aquí dice rolo", le respondo. Era tricolor y yo lo estaba leyendo al revés, insisto y le digo, "no te das cuenta, aquí dice rolo, rolo. ¡Ay! ¡Este muchacho!, se lee de aquí para acá", me decía "disposicionero", que yo disponía mucho.

Hay muchas cosas que recuerdo de ella. Por la abuela aprendí a

---

50. Capital del estado de Portuguesa.

trabajar, porque llegaban las lluvias y había que sembrar maíz, limpiar patios, más tarde recoger maíz y luego molerlo.

Yo tenía cuando aquello unos ocho años, nueve, hasta los doce, pero esos años fueron de mucho trabajo con ella, ¿por qué? Porque la pobreza nos obligaba a buscar recursos. Mi abuela era una mujer de trabajo, hacía de todo, hacía dulces de coco, de lechoza (papaya) que nosotros le decíamos araña porque se picaba la fruta muy finita, quedaba así, como de este tamaño, como una araña, de lechoza.

A mi me decían el arañero, porque salía a vender las arañas en unas bolsitas. Adán también ayudaba, pero menos, él era un poquito flojo para trabajar, en cambio a mi me gustaba. Ella me decía, búscame la lechoza y ya sabía que había que ir a buscarla, pero verdes, verdes, después pelarlas, abrirlas, botarle la pepita, picarlas finitas, echarlas al fuego y luego sacarlas con azúcar y ya la araña estaba hecha.

Después a venderlas, porque había que venderlas. Ella me daba 10 arañas en una bolsita, me iba para la escuela, me sentaba en el pupitre, ponía mi bolsita debajo, llegaba el recreo de media hora, de 20 minutos y salía a vender arañas en una locha, que era un octavo de bolívar, ¡ah!, entonces me pedía cuentas, yo llegaba de la escuela, "aquí está abuela, las vendí todas", casi siempre las vendía todas, porque había unos niños que eran de clase más o menos acomodada, que llevaban siempre una locha para la merienda. Ya tenía mi clientela fija.

Había una muchachita que se llamaba Luz Colmenares, no, Contreras, era bonita, hija de los ricos del pueblo, así que Luz siempre me compraba dos arañas, todos los días, yo tenía segura dos arañas. Incluso me decía, me las aparta, porque le gustaba mucho la araña y también a otros muchachos. Igual me compraban los maestros porque eran muy sabrosas y nadie más las hacía en el pueblo. Más nadie en el pueblo hacía esas arañas.

Todo eso sucedió en Sabaneta, en Barinas, allá en el sur, en el llano. Es decir, que si me llevaba 10 arañas para vender, eran 10 lochas que tenía que entregar a la abuela y de esa cantidad me daba una. Yo tenía un cochinito plástico y las ponía ahí; a veces, cuando estaba más grande, a los 12 años, me iba en la tarde con un pote más grande de arañas, a vender al bolo, donde jugaban bolos.

El bolo, pero no bulí, ustedes le dicen *bowling* al bulí, es un juego en el llano, una casa larga, un corredor, cómo se llama, convexo, apisonado, donde en el fondo colocan tres palitos y una pelota de madera que lanzan, ¡ras!, y los tumban. Como un bulí, pero de pueblo, llanero. Ahí me iba a vender las arañas y también a las peleas de gallo o cuando venían las fiestas patronales, en octubre, que es el mes de la patrona del pueblo, la virgen del Rosario, el 7 de octubre, ¡ah!, yo vendía hasta 3 potes diarios de arañas, aquello era un dineral, con eso comprábamos la comida, las alpargatas, el cuadernito. Mi abuela tenía una industria, una pequeña empresa y yo era miembro de esa pequeña empresa. Productor y vendedor.

Como ves, aprendí mucho de la abuela. El trabajo siempre me gustó, el trabajo de la tierra, el trabajo bonito, el de las frutas, vender cosas. Mi abuela era generosa, muy generosa, por ejemplo, siempre decía, "Hugo, Huguito, ve a la barquillería" o heladería, tal vez la única, pero le decían barquillería porque había que comérselo en la barquilla. La abuela me mandaba porque le vendíamos naranjas a la barquillería, un saco de naranjas para hacer jugos, vendían jugos, dulces y helados. Le vendíamos cien naranjas que entonces valían 5 bolívares.

En la casa había una carretilla para cargar y que siempre utilizaba, porque a mi nunca me dio pena el trabajo. Me acostumbré a eso. Yo me subía al árbol con Nacho mi hermano, que era al que más le gustaba trabajar conmigo, Adán no, era medio flojo para eso, era más intelectual, me ayudaba, pero no tanto, Nacho sí, nos subíamos al árbol o yo me subía y le tiraba, ahí va una, las naranjas, para que no se partieran y él iba llenando el saco. Luego había que llevarlas en la carretilla y mi abuela siempre me decía, métele 120, fíjate eran 100 y metía 20 más regaladas para la barquillería, que era de unos italianos.

Vendíamos aguacates además de lechosa, había un árbol de aguacate, los cargaba y los vendíamos. La abuela también hacía dulce y regalaba, "llévenle a doña María un plato", lleno de frutas. Aprendí mucho de la abuela, aprendí a leer y a escribir, aprendí a querer a los pajaritos y a regar las matas.

De niño no era rebelde, al menos con la abuela, con mi mamá sí lo fui, no sé el porqué. Una vez incluso me iba a pegar, agarré la varita, se la quité, la partí y me fui para el monte. También era rebelde con los médicos cuando llegaban.

Era cobarde y rebelde a la vez, la cobardía me hacía rebelde y mi reacción era esconderme en el monte. Me subía a los árboles más altos, escondido. Una vez me bajaron mi papá y otros, me agarraron para vacunarme, ¡imagínate!, agarrado entre cuatro.

En realidad, hacía todo lo que mi abuela me pedía, decía, "Huguito, vaya y riégueme las matas", y yo iba con una manguerita y regaba las matas, pero además me decía, "cántele a las matas para que se pongan más bonitas". Dicen que eso es cierto, también se les habla, mi abuela les hablaba y yo les cantaba. Yo estaba regando y cantando, era feliz. Esa fue la abuela. La abuela fue un amor.

Siempre me gustó cantar, me decían el cantante. Un señor, era un entrenador que iba a la casa de vez en cuando, preguntaba por el cantante. Yo cantaba en esa época rancheras.

La música que me gusta son las llaneras, las venezolanas y las mexicanas. Hay una canción que dice, una canción de un tipo, que además es justiciero, le llamaban el Rayo Rosales, "me dicen el Rayo, mi nombre de pila es Mauricio Rosales" y entonces al final le dice a la gente "respeten las leyes", no era muy rebelde el tipo, "vivan tranquilos, adiós no les digo, ni me despido, porque voy y vuelvo". Todas esas canciones del cine mexicano penetraron mucho en estos pueblos.

En el cine del pueblo lo que veíamos era "Chucho el roto y los cinco halcones" y oíamos la música venezolana, la llanera nuestra, me encantaba, como me encanta Eneas Perdomo y Augusto Vargas, cantores de esos pueblos.

La abuela no cantaba, era taciturna, era medio india, pero fíjate, nos hablaba a nosotros. Echaba cuentos, ella era tranquila, jamás la vi brava, fuera de sí, no, era tranquila, siempre la veía en paz, tenía una cabellera negra y era de un amor, ¡así de grande! Una noche, recuerdo que nos hablaba del general Zamora y de la guerra de los cinco años. Nos contaba que por ahí habían pasado y cuando uno le preguntaba, "¿pero tú los viste abuela?", respondía, "no, pero me lo contó mi mamá".

Tenía razón la abuela cuando nos decía que por esa calle habían pasado y sonaban las cornetas y los caballos, porque después yo leí en los libros hasta la fecha en que por esa calle pasó Zamora y la tropa federal. Contaba que su mamá aseguraba que siguieron rumbo a los cerros de Sabaneta, y en efecto, así está escrito en la historia. En el diario de campaña del general Zamora, que conseguí después, se confirma que el 28 de marzo de 1859 pasaron cerca, tal como lo decía la abuela.

Además de Zamora, hablaban de un Chávez que se había ido detrás de Zamora y que nunca volvió. Se fue para la guerra, lo supe porque después conseguí en las listas del ejército de Zamora, a varios Chávez que andaban con él.

Otros decían que por parte de mi madre tuve un abuelo "asesino". Era el abuelo de mi mamá, el papá de Rafael Infante, pero esos son otros cuentos, de las otras abuelas. Como ves, todas eran puras abuelas y muchas tías, no conocí a ningún abuelo.

Por parte de mamá era una familia grande, de casi puras mujeres. Todas eran muy lindas, bellas, blancas, catiras decimos aquí, rubias dicen ustedes.

Mi mamá es catira, tiene el cabello de tu color, blanca, catira. ¡Ah! El abuelo era también catiro. Una vez oímos cuentos de la abuela Martha, regañando a mi mamá, eso era allá en los Rastrojos cuando íbamos un fin de semana a comer mamones o mamoncillos y a jugar, íbamos a visitar a la abuela.

Cuenta mi mamá que cuando tendría menos de 30 años, mi abuela siempre la regañaba por ser muy rebelde, con un carácter muy fuerte y le decía, "Elena, tú eres así porque estás 'enrazada' de ese asesino, sí, ese asesino, el abuelo tuyo, el papá de Rafael, de tu papá, ese era un asesino. Mató a un tal Bolívar, lo amarró a un árbol y lo fusiló y a otro, le cortó la cabeza delante de los hijos".

Así supe lo de mi abuelo "el asesino". Pero esa idea siempre me inquietó y con los años busqué información sobre él y me encuentro que todavía es una leyenda, existen sus huellas en los caminos y supe, además, que no fue ningún asesino, si no que era un guerrillero. Cuando Rafael mi abuelo y Pedro, su hermano, estaban chiquiticos, como tú cuando tu papá se fue, el abuelo se alzó contra el gobierno. Fue así que conseguí la verdad y me hizo libre, porque la verdad me liberó y pude decirla a mi mamá, cuando ya yo era oficial del ejército, que su abuelo no era ningún asesino.

Cuando descubro la verdad o parte de ella, o comienzo a descubrirla, es que le digo a mamá, "en este libro está el abuelo". Salió un libro llamado *El último hombre a caballo*, es una leyenda, y también un poema que le escribió Andrés Eloy Blanco, uno de los más grandes poetas venezolanos del siglo XX. Le escribe a mi abuelo un poema, porque lo conoció preso, por allá, por las correrías del llano y que decía más o menos:

> Unos lo llaman Maisanta y otros el americano.
> Americano lo mientan porque es buen mozo el catire,
> entre bayo y alazano,
> salió de la Chiricoa con 40 de a caballo,
> rondeando hacia Menoveño va Pedro Pérez Delgado
> en fila india, por la oscura sabana,
> meciendo el frío en chinchorro de canta,
> va la guerrilla revolucionaria.
> Con el cogollo la manta, cobija con pelo de guama,
> 45 y canana, nube de tabaco y nube,
> relincho y susto de garza,
> madrugadita de leche, bajo la noche ordeñada.

Era un guerrillero, esa es la verdad. Ahí se me despertó el ansia de conocer qué cosa fue, quizás porque yo no conocía ni al abuelo ni a mi otro abuelo, y de repente había conseguido uno y me fui detrás él y lo conseguí en ojos y en rostros arrugados.

Una vez, siendo todavía militar, llegué a Colombia y hasta preso estuve por buscarlo, porque me pasé de los límites fronterizos sin permiso y con la pistola de reglamento. Me captura el ejército colombiano, me meten preso y me acusan de espía, tres días estuve preso en Arauca, en una base militar.

Yo andaba entrevistando a viejitos, me agarró no sé, como una angustia de conocimiento y quería saber más, más y quería escribir un libro, un libro sobre mi abuelo y su tiempo y qué pasó a finales del siglo XIX y comienzos del XX. Ahora, todo ese esfuerzo significa mucho de lo que yo soy hoy, porque conseguí verdades, conseguí explicaciones.

En general, estudiaba mucho, primero los estudios militares que a partir del año 71 tuvieron nivel universitario. De aquel año encuentras a Jorge García Carneiro y a otros que pertenecen a la primera generación de estudios universitarios en la academia militar. Además de esos estudios, me fui a la Universidad Simón Bolívar cuando era mayor y trabajaba en Miraflores, por cierto en el Palacio Blanco, al frente, fue cuando comencé una maestría en Ciencias Políticas. Ya estaba metido en la conspiración y para buscar más herramientas teóricas, sobre todo, estudiaba por las tardes, salía a las 4 del palacio, la universidad quedaba más afuera. Tenía clases los lunes, martes, miércoles y jueves, terminé toda la fase de aula, pero la tesis no la pude hacer porque vino la rebelión. Me encontraba en la fase de la recopilación de información y quería hacer una tesis orientada hacia la transición o sea un modelo de transición hacia una situación distinta, era la tesis que quería hacer, pero no pude hacerla.

En la cárcel recuerdo que me dieron autorización para continuarla, mandé una carta a la universidad solicitando mi ingreso como tesista[51], aquello fue un lío, tuve que meter abogados, defendiendo el derecho a la educación, hasta que por fin el Ministerio de Defensa autorizó que yo nombrara mi tutor, es cuando designo a Jorge

---

51. Alumno de posgrado.

Giordani como tutor, quien es el actual ministro de Planificación.

Todos los jueves iba Jorge a la cárcel de Yare y trabajábamos cumpliendo con todo lo que es el procedimiento de una tesis, desde el planteamiento del problema. He aprendido mucho de él toda la vida.

Después vino la segunda rebelión militar, el 27 de noviembre del mismo año 92, allanaron la cárcel, nos llevaron todos los libros, papeles, todo, hasta los lápices, después de esta segunda rebelión estaba prohibido tener lápices en la cárcel y por supuesto, también prohibieron el ingreso de Giordani.

Cuando salí de la cárcel nos vimos de nuevo e intentamos retomar la idea, un día le dije, "profesor y por qué no hacemos la tesis", él tenía deseos de ayudarme, pero luego vinieron las giras, las caminatas por el país, las asambleas populares, era prácticamente imposible, fue cuando los dos llegamos a la conclusión de que la tesis y el problema estaban bien planteados, eran correctos y la idea de la transición también, pero que no era el momento de escribir nada, sino que había que ejecutarla en la práctica para lograr la transición.

En este recuento de mi vida, la cárcel no lo fue tal, sino una escuela, donde vi y viví situaciones personales, no era fácil estar preso moviéndome en la dinámica de los diferentes grupos. En algún libro leí algo sobre la llamada enfermedad de las alambradas, o sea, cuando el preso de repente llega un momento en el cual pelea con el otro por cualquier cosa, porque se le cayó el plato o porque me dijiste tal cosa o porque pensé que me dijiste tal cosa o porque estás pensando no sé que de mí. Más allá de todas esas miserias humanas que vivimos allí, porque entras en contacto directamente con ellas, ves como se despiertan las envidias en un grupo de compañeros y cómo el adversario, el gobierno de entonces y los cuerpos de inteligencia supieron explotar eso, a tal punto que llegó a convertirse en odio en algunos casos, en ataques contra mi, algunos decían que yo me sentía superior, que me creía que era un mito, porque era verdad que algunos decían de que yo era una leyenda, un héroe, sin embargo, les decía siempre que de dónde sacaban eso Eran cosas menudas, pero que influyen en la gente, aunque parezca mentira, así lo interpretaba yo.

Cuando las visitas iban a la cárcel, la mayor parte de los visitantes iban a mi celda a que les firmara cosas y con camaritas escondidas para tomarnos una foto, ese fue un elemento que influyó en algunos. Comenzaron a surgir las diferencias de visión política, algunos propugnaban el reformismo, otros el planteamiento de que había que ir a una segunda rebelión militar porque habían fuerzas que habían quedado y otros que no, que ya bastaba, porque algunos lo que querían era salir rápido de la cárcel, hasta vendieron información o negociaron con el gobierno, pero en fin los que asumimos la cárcel con dignidad, con entereza, con conciencia, salimos fortalecidos.

No sé si te dije que el día que salí me preguntó un periodista, ahí en la puerta del fuerte Tiuna, "y usted ¿para dónde va? Al poder", le dije. Tenía claro el panorama de hacia dónde íbamos, aunque con muchas dudas.

Esa es la dureza de la cárcel, por eso admiro mucho a los cubanos presos en Estados Unidos. Son muy duras las condiciones en que viven. Yo conocí a Olga, la esposa de René, que vino con su hija menor y habló en un acto que hicimos.

Pero la vida, además, tiene cosas hermosas como te dije, me gusta la música, las rancheras, la música romántica y también cantar, lo disfruto mucho, me imagino que soy un cantante, me encanta, es como una liberación cantar canciones, como una de Rafael, que me gustaba mucho, yo compraba todos sus discos.

Por supuesto que las canciones revolucionarias también. Alí Primera, sobre todo, él escribió varias canciones al Che, una canción decía así:

Comandante Che te mataron,
pero en nosotros dejaron
para siempre tu memoria
plasmada en moldes de gloria.
Caminando entre valles y montañas
vaga siempre tu imagen guerrillera,

y tu sangre corre ya, por nuestras venas
y se agita en los pechos bolivianos.
Comandante Che te mataron,
pero en nosotros dejaron
para siempre tu memoria
plasmada en moldes de gloria.
(Y al final dice así)
Cuando la corriente del gran Paraná
no tenga agua,
entonces, quizás para entonces,
Comandante amigo,
tú, te nos vayas.

¡Es linda esa canción!

Cuando era teniente, que andaba de rebelde, llevaba un equipito, de esos portátiles, que reproducen casetes y les ponía a los soldados esa música, imagínate un subteniente. Una vez, un capitán dijo que yo estaba loco, que andaba poniendo esa música del Che Guevara y de Alí Primera en un cuartel. Así fuimos sembrando, esa música fue un arma de batalla para mí, tanto aquí dentro [se toca el pecho] como hacia los demás, porque Alí Primera recogió el sentimiento de un pueblo y lo lanzó hecho canción.

A Víctor Jara no lo he oído mucho, sé que lo mataron cuando cayó Allende y le cortaron las manos. Sobre él también Alí Primera le hizo una canción, se llama así, "Canción para los valientes":

Cántale Víctor,
cántale al pueblo,
que se alce la llamará,
dispará, dispará
Chileno, dispará.
Dispará, dispará, dispará,
por América dispará.
(Sigue)
Cántale Víctor,
cántale al pueblo,
que se alce la llamará.

Canción de huesos chilenos,
de lo profundo de adentro,
canción para los valientes,
que la cante Víctor Jara
para el compañero Allende.
(Y habla de Neruda)
No canta Pablo Neruda
los versos del general,
porque era mucho poeta
para ver morir su pueblo
y sobrevivir al hecho.

Y se fue con el pueblo, Neruda murió al poco tiempo del golpe.

Las dictaduras militares en América Latina

Fíjate que interesante, el tema del papel de los militares y el tema del militarismo en América Latina, eso que estábamos hablando sobre el gorilismo y los gobiernos dictatoriales. Ahí tenemos una zona en la cual ha habido importantes ausencias, debilidades, vacíos, aún cuando en los últimos tiempos se ha venido llenando, fortaleciendo, como conformando un cuerpo. Creo que eso tiene su explicación, su lógica, por supuesto, como todo y no sólo a nivel nacional, sino a nivel internacional.

Es lo que ocurrió con Pinochet y Víctor Jara, toda esa historia negra, terrible, de los golpes militares y de las dictaduras militares en América Latina, esos antecedentes, ese cliché, que estoy seguro que generó corrientes que confundieron y que además, el trabajo mediático se encargó de profundizarlas, de generalizarlas o amplificarlas en el sector intelectual, tanto venezolano como latinoamericano, acerca de nosotros, los militares.

Recuerdo que estando ya en prisión, salió un artículo en Argentina, en *El Clarín* de Buenos Aires, sobre "los caras pintadas venezolanos", que nos obligó, incluso, a enviar una carta, que no supe si la publicaron, de hecho creo que no, pidiendo derecho de réplica. Aquello corrió por el mundo y fue repetido en Uruguay, en Paraguay, tú sabes que en el cono sur las dictaduras militares fueron las más atroces, creo que de la historia del mundo o una de las más atroces.

Aquí en Venezuela también fueron publicados en diarios y repetidos por radio y televisión, documentos falsos. Uno de ellos, contenía una lista, una supuesta lista de "fusilables", de personalidades, entre ellos un grupo de intelectuales, con toda la intención de crear una matriz de opinión antes de que Chávez llegara al poder por la vía del golpe de estado, definiendo de antemano nuestro movimiento de militarista, ultra nacionalista, contrario al libre pensamiento y muy parecido, según esta versión falsa, a "los caras pintadas", a Pinochet el gorila, a sus lentes oscuros y a su gorrota horrible, y nosotros indefensos, ¿cómo defendernos de eso? ¿Con qué cañones? Eso era artillería, artillería pesada y nosotros indefensos. No teníamos acceso a diarios, ni a televisoras ni a nada, nos cayó encima no sólo la prensa nacional, la gran prensa internacional, sino también la prensa del imperio.

Recuerdo que al salir de la prisión, a los pocos meses, nos fuimos a Buenos Aires, por una invitación que nos hicieron y en la primera plana de todos los periódicos, decían, "llegó el cara pintada venezolano". A partir de ahí, todos los movimientos de izquierda de Suramérica y de Centroamérica comenzaron a ver a Chávez como pichón de gorila, un pequeño gorila, un hombre de la derecha.

En una ocasión me invitaron al Foro de Sao Pablo, en San Salvador, fui con un compañero, no teníamos ni para el pasaje, pero fuimos. Había mucha gente que comenzaron a discutir sobre mi presencia y no permitieron que interviniera en el plenario para dar un saludo. Shafik Handal tuvo que llamarme aparte y pedirme disculpas, porque él me había invitado a instancias de Cuba. Estaba muy apenado y le dije que no importaba, que no había ido a buscar figuración, yo no conocía a Shafik tampoco, por eso le expliqué que había venido a participar como observador porque me habían invitado, que no se preocupara.

Participamos en varias mesas de trabajo, aunque se opusieron algunos movimientos y partidos de izquierda de México, de Argentina, del Caribe, no aceptaban que yo interviniera. Por otra parte, los intelectuales de izquierda, que no abundan, al menos en estas latitudes, los que de verdad tienen buena formación, porque hubo mucha degeneración aquí en la década de los 70, los 80, se entregaron, se convirtieron en mercenarios de la pluma, muchas veces al servicio de los peores intereses. Aquí tenemos, por ejemplo, a Teodoro Petkof, escritor, periodista, que además de la degeneración a ese nivel, se convirtieron en tarifados para escribir, alabar a alguien o lanzar líneas de matrices de opinión.

A nosotros esas posiciones también nos hicieron daño, sobre todo en Colombia, según la cual, nuestro movimiento estaba aliado a la guerrilla colombiana, sin dudas eso hizo daño en algunos sectores de Colombia, sobre todo en los sectores que siendo de izquierda no comparten los métodos de la guerrilla, métodos que a veces cuesta trabajo entenderlos, porque se pueden compartir ideas, intenciones, filosofía, política, pero bombardear una iglesia donde hay unos niños y unas señoras, cuesta entenderlo. A veces no se entienden esos métodos de la guerrilla o el mismo enfrentamiento entre ellos, pero eso es otro problema, otro tema.

Por eso estoy buscando las razones de esos vacíos, tanto aquí como en América Latina, qué ocurre, no tanto aquí en Venezuela, aunque aquí se ha venido conformando un grupo de intelectuales que ahora se atreve a expresar su opinión libremente, porque también hay un chantaje muy fuerte, es un chantaje mediático, social. Los intelectuales, al menos en estas sociedades nuestras, aun los de izquierda, normalmente viven por los lugares de la clase media o incluso donde vive la clase media alta, no viven por allá, en la profundidad del barrio Lonoto, donde tú fuiste, por el valle.

Aquí, dado el clima político venezolano, se puso en marcha un método fascista de arremeter contra la familia, hasta físicamente contra la persona, aunque fueran vecinos de muchos años, te digo esto porque hay intelectuales que comparten, si no toda la dimensión de este proyecto, al menos lo ven con buenos ojos, pero no se atreven a decirlo, prefieren callar por el temor a esa presión, a ese chantaje social dentro de su mismo entorno, de su hábitat.

Después del 11 de abril, del golpe de estado de abril, sobre todo a nivel internacional, se han generado, aunque ya antes habían comenzado, algunas corrientes de opinión favorables a nuestro proceso, en algunas partes del mundo. Recuerdo que en octubre del 2001 se organizó un Foro en París, en el que participé, allí conocí a Ignacio Ramonet, a Bernal Cáceres, a Petras, que es norteamericano y a otros más. Todos asistieron y me quedé asombrado porque el auditorio de la Sorbona estaba a *full*. Ignacio Ramonet, por ejemplo, improvisó un discurso, donde hizo un análisis que me sorprendió e incluso lo invité acá y vino, estuvo aquí una semana antes del golpe, salimos juntos a media noche, él y yo manejando por Caracas.

Yo soy bueno para salir a media noche por estas calles, quisiera llevarte, pero no me han dejado.

En esa visita Ramonet hace una reflexión que a mi me puso a pensar, dice que venía observando el caso venezolano desde hacía un año y recibiendo informes de aquí, de América Latina. Su opinión era que el caso venezolano era digno de estudiar, porque Venezuela se había comportado de una manera fuera del patrón que había venido imperando en el mundo desde la caída de la Unión Soviética y del muro de Berlín.

El neoliberalismo cantaba victoria, como Tarzán el campeón, propugnaba el fin de la historia, el último hombre y todas esas tesis, y que en el mundo entero, con excepción de Cuba y de China, pero sobre todo en el mundo occidental, en el continente americano y en Europa, el neoliberalismo se aceptó como la llegada del camino definitivo y Rusia comienza también a buscar el camino del libre mercado, cosa impensable hace 20 años atrás.

En ese análisis, es cuando Ramonet comenta que Venezuela comenzó a comportarse de manera extraña desde el primer instante, y es verdad, aquí ocurrió el Caracazo en 1989, mientras estaba comenzando la debacle soviética. Es cuando Carlos Andrés Pérez intenta imponer la política de shock, la receta del Fondo Monetario y este pueblo se alzó.

Para Ramonet la globalización se divide en varias etapas, la primera fue la etapa de la comprensión del fenómeno, donde los intelectuales, los pensadores y los pueblos del mundo se dedicaron en esa etapa a entender qué era, qué fue lo que llegó aquí, a descifrar el enigma, porque sin dudas fue una gran sorpresa que cayera la Unión Soviética, eso sorprendió al mundo.

Después de una década, del 89 al 99, el mundo pasó a una segunda etapa, que es la de la protesta contra el modelo globalizador, una vez entendido y digerido el fenómeno, entonces comienzan las protestas contra el modelo. A partir de ahí, decía Ramonet en el 2001, se tenía que pasar a la otra fase, que es la de la propuesta alternativa, esa es la tercera fase, la que estaba llegando a nivel mundial, lo sucedido en Quebec, las protestas de Seattle, de Génova, esa sería la fase de la protesta, porque después, según su opinión de hace dos años, había que pasar a la fase de la propuesta. Ahí es cuando termina diciendo que Venezuela se salió de ese patrón de conducta, porque comenzó a protestar desde el comienzo. En 1989 hubo una rebelión popular, en 1992 una rebelión militar y otra rebelión militar y en 1998, mientras el mundo apenas comenzaba a protestar, ya Venezuela había protestado durante una década y ahora está en marcha una propuesta, Venezuela se fue adelante, es como una vanguardia, es la tesis de Ramonet, que luego ha venido perfeccionando.

Eso sucedió unos meses antes del golpe, luego comenzaron a aparecer libros sobre el proceso bolivariano, hay un libro de Richard Good, escritor inglés, que se llama *A la sombra del Libertador*, también salió otro libro en Argentina, *Los sueños de Bolívar en la Venezuela de hoy* de Carlos Aznarez, salió otro en Colombia de Medófilo Medinas, *Chávez el elegido*, el título no me gusta nada, pero el libro es bueno, este muchacho Medófilo viene del Partido Comunista de Colombia, aunque creo que ya no está en el partido.

De esa forma, comienzan a aparecer libros en Europa, sobre todo después del golpe. Ese movimiento que ya tenía cierto avance empieza aflorar con la ayuda de Fidel, que ha ayudado mucho en eso, sacó aquel libro con mis discursos e intervenciones[52] y los mandó a traducir al inglés, al alemán, al ruso, al vietnamita, bueno, anda por todo el mundo, incluso, un día me dijo, "el Gabo[53] se va a poner celoso de este libro porque ya van no sé cuantas ediciones".

---

52. Se refiere al libro *El golpe fascista contra Venezuela*, publicado por Ediciones Plaza, La Habana, 2003.

53. Gabriel García Márquez, premio Nobel de literatura.

Las relaciones con Fidel

Así es mi relación con Fidel. Yo le digo hermano y es como un hermano mayor, mira, te voy a decir algo, hace varios meses Fidel me mandó una nota de varias hojas, escritas de su puño y letra, son como seis, por los dos lados, escritas por ambos lados. Después que las leo, me pongo a escribirle una carta, demoré como una noche completa, una noche y un día, medio día, con una vieja máquina de escribir que tengo por ahí, ¡escribiendo en máquina de escribir a estas alturas!, una máquina que tiene conmigo como treinta años, desde que era cadete, pero prefiero escribir en esa máquina que en la computadora, con el sonido de las teclas, "taqui-taqui-taqui", no sé, es como que si bailara con la máquina y se van moviendo los dedos y las ideas. En lo que le escribo a Fidel hay una frase que me salió del alma, donde le digo que acababa de leer una a una las seis páginas de su carta, cada letra y después de haberlas leído, a partir de este instante, yo no sé si llamarte hermano o padre. Es una relación así, muy bonita, sabes.

Discutimos mucho, discutimos, me da ideas, que se llamen consejos o no, bueno, no importa, algunos pudieran ser, sí. Por ejemplo, Fidel tiene la tesis y me aconseja mucho en ese sentido, de que esta gente lo que le queda es matarme, por eso siempre recomienda que me cuide. Cuando vino aquí lo dijo públicamente, "este no se cuida", por eso cuando se fue, donde quiera que yo iba la gente en la calle me gritaba "Chávez que te cuides, oíste", porque

Fidel dio la orden, lanzó la consigna, que se cuide, que no se cuida, cada vez que nos vemos él lo dice.

El otro día, el primero de enero lo llamo, estaba yo en un sitio apartado, a media noche, nos llamamos y casi amanecemos conversando, el teléfono ya estaba caliente y había problemas de señal, tenía que moverme por el patio, estábamos a las afueras de Barinas, entonces le digo, "mira yo voy a descansar un rato, porque voy a ver a la niña —él conoce a la niña, a Rosa Inés, bueno a todos mis hijos—, ¡ah!, vas a ver a la niña, sí voy a ir a donde está la niña con su mamá, me dice, bueno, ¿cuánto es por tierra? De ahí donde estás tú ahora, hasta la niña, le digo, son como tres horas. Fidel entonces se queda pensativo, tres horas, es un poquito lejos, pero si puedes vete por tierra".

Siempre me ha dicho y me lo ha repetido varias veces, que le advirtió mucho a Omar Torrijos, no viajes tanto en esas avionetas Omar, esos helicópteros Omar, cuidado, y terminó matándose en las montañas, entonces sí, yo creo que me cuida. Me cuida de todo, una noche me dice, "bueno y ¿qué estás comiendo? Estábamos cenando y de repente él pensó en voz alta, porque yo comienzo a comer un pescado y la ensalada, que no me gusta mucho la ensalada de lechuga. El estaba comiendo y mira así de reojo, oí clarito cuando dijo, pero lo dijo como pensando, hay como una aparente rectificación, "la dieta".

Otra noche empiezo a fumar y de pronto oigo, "llevas tres cigarrillos Chávez, tres, entonces saco el otro, van cuatro", solo va contándolos, no. Está al tanto de todos esos detalles, o del vino, "el vino rojo es bueno para la circulación, es bueno una copita al día", hasta me aconseja con la comida, que si eso tiene mucha grasa y no sé que más, que si este tipo de pescado de agua fría, profunda o de agua caliente. Una vez me estaba mandando mucho helado y los médicos me hicieron un análisis de sangre, cuando se enteró que salí con el colesterol alto, entonces me contaron que estaba preocupado, y decía, "yo mandándole helado, tiene el colesterol alto, cómo le voy a mandar helado", bueno, sí, ideas, consejos, es una relación muy bonita, muy especial, un infinito respeto.

Esa relación comenzó desde hace tiempo, de aquí para allá, de cuando lo leí en la cárcel, en *Un grano de maíz, La historia me absolverá, Fidel y la religión,* de Frei Betto, el otro de Gianni Miná, *Un encuentro con Fidel.* Leí muchos libros sobre Fidel y sabes una cosa que pensaba siempre, ¡Dios mío, cuando yo salga de aquí tengo que conocer a Fidel!, yo decía, ¡ah, Dios mío, qué no se vaya a morir!, pensando en los años que debía permanecer en la cárcel. Deseaba conocerlo algún día y llegó el día y fíjate lo que pasó, me invitan a ir a Cuba en el 94, en diciembre y como sabes fui y Fidel me esperó en la puerta del avión. Yo estaba sorprendido, aspiraba a verlo, pero no en la puerta del avión, de un avión comercial, además, fue cuando me dio un abrazo y es cuando aquí la oligarquía publicó la foto en primera plana, como te conté. Nunca salía en primera, ¿Chávez en primera plana?, y a colores, el abrazo y la leyenda perversa abajo. Escribieron muchos artículos, "Fidel acabó con Chávez", "Chávez se subordinó a Fidel", el eje del mal y todas esas cosas, esa frase todavía no existía, pero comenzaron a utilizar esa relación que comenzaba, de manera diabólica y perversa para tratar de introducir en nuestro pueblo el temor al comunismo, a Fidel Castro, a la dictadura, a la falta de libertades y a todo esos cuentos.

Le dieron toda la difusión negativa que pudieron a esos dos días que estuve allá, incluso, de mi discurso en La Habana sacaron una parte por televisión y algunos especialistas hablaban de no sé qué. Yo regreso a los dos días, era diciembre, había comenzado la Navidad, muchas gente en la calle, así que llego a Maiquetía, un compañero que estaba conmigo y yo tomamos un taxi y nos venimos al centro de Caracas, donde teníamos una oficinita prestada, de un abogado amigo, con algunos muebles y una salita de reuniones. Allí incluso yo dormía.

Llegamos Isea y yo, nos bajamos con la calle medio oscura. Acuérdate que a nuestro pueblo lo habían estado bombardeando con Fidel y Chávez, el abrazo y no sé cuántas cosas más. Me bajo del carro y viene un borracho por el centro de la calle con una botella en la mano, zigzagueando, pero borracho, borracho de pea, como decimos aquí, me topo con él, así cerca, yo iba a dar la vuelta a la calle, a pasar, pero venía derecho con su botella, bueno, no venía nada derecho, entonces me dice, "tú te pareces a Chávez", el tipo era un hombre joven, y le digo, "yo soy Chávez, que tal" y le doy la mano, balbucea dos o tres frases y sigue, yo sigo también, pero en sentido contrario, de repente siento que me hablan a mi espalda, "Chávez", yo me volteo, nunca olvidaré la expresión de su rostro, "¡Chávez, viva Fidel!".

Ahí estaba la respuesta a esta oligarquía grosera. ¡Viva Fidel!, es decir, que los que han tratado de dañar mi imagen personal o política por la relación especial que tengo con Fidel, no se dan cuenta que más bien la han potenciado o refrescado, porque se olvidan que cuando Fidel vino aquí en el 59, se hizo una concentración de las más grandes que se recuerda.

Y que todas estas décadas, este pueblo ha admirado a Fidel, lo quiere, lo ama. Recuerdo cuando Fidel vino a la toma de posesión de Carlos Andrés Pérez, en el 89, yo estaba trabajando en Miraflores y me tocó ver de cerca todo aquello. El día del desfile militar, cuando el presidente Carlos Andrés Pérez asumió, nos encontrábamos en la tribuna y vienen los invitados internacionales, se bajan de los autobuses, pero todo el mundo, la clase media en la tribuna, politiqueros, oficialistas, adecos, todo el mundo lo que estaba esperando era que llegara Fidel. Cuando se bajaron todos y no llegó Fidel, hubo una desilusión en la tribuna, porque querían verlo de cerca, solo mirarlo, que se sentara ahí, a ver el desfile militar. Fidel no vino, me imagino que por razones de seguridad.

Ya en esta nueva etapa, ¡ah!, en la campaña electoral trajeron de nuevo el vídeo del 94, tratando de confundir al pueblo. A los militares venezolanos les regalaban el vídeo de mi discurso y el de Fidel en La Habana. Iban por los cuarteles a pasar el vídeo. Luego, un grupo de psicólogos militares les alertó, "¡coño, paren esa vaina!, que lo que se está despertando es más bien admiración en los jóvenes militares hacia Fidel Castro y hacia Chávez, hacia los dos, paren eso".

En esta nueva etapa, ya como presidente, torpemente, han tratado de hacerlo. Una vez, a finales de enero del 99, me fui de gira y coordinamos con La Habana, para pasar por allí, pocos días antes de tomar posesión. Antes había pasado por Buenos Aires, Brasilia y México.

¡Fíjate lo que te voy a contar! Estábamos en Madrid, de Madrid íbamos a París, de París a Roma y de Roma tocábamos tierra en Venezuela, después La Habana y por último, República Dominicana, que la dejé para el final porque estaba más cerca. Quería ir antes de tomar posesión.

Mientras esperábamos, me dice uno de los edecanes que me llamaban de Washington, estábamos en una cena con empresarios en Madrid, pregunto, "¿de Washington? Sí, el señor Peter Romero", era el subsecretario de Estado para Asuntos iberoamericanos, como lo llaman allá. Enseguida lo atiendo, porque ya había estado aquí en diciembre, vino a visitarme y a traerme una invitación del presidente Clinton para ir a Washington y para decirme que ahora sí tenía visa, porque ellos nunca me la habían dado, siempre me la habían negado.

Cuando este hombre me llama y me dice, "mire presidente, es que nos hemos enterado que usted va por La Habana", yo le digo, "sí, voy por La Habana, en enero, ahora, dentro de unos pocos días" y en el acto me dice, "bueno, usted sabe, le aconsejamos que no vaya por La Habana, ¿cómo? Sí, porque si usted fuera por La Habana, se nos haría muy difícil, usted sabe, conseguir la entrevista con el presidente Clinton". Yo me indigno de inmediato, y le digo, "mire señor Romero, usted se equivocó conmigo. Usted está hablando con el presidente de un país independiente, hágame el favor de no tocarme más ese tema, nunca más y si quiere dejarme algún mensaje le pongo a mi edecán" y se lo puse.

Al día siguiente, en París, lo hice público a unos periodistas. En la noche, en el hotel, me llama el mismo Romero y lo atiendo. Me dice, "presidente, usted me mal interpretó, yo no quise decirle eso, el presidente Clinton lo va a recibir. ¡Ah, bueno!, pero dígale al presidente que si no puede recibirme, no importa, no voy, pero que voy a La Habana, porque eso no está en discusión y que más nadie lo toque, no, eso no lo puede tocar usted ni nadie más. No lo acepto", le dije.

Fui a La Habana y a los dos días estaba con Clinton en la Casa Blanca. Dentro de mi equipo, algunos de los miembros de entonces terminaron en la oposición, como Luis Michelena. Era una preocupación permanente en ellos que yo ni siquiera mencionara a Fidel Castro en mis discursos, en mi programa de radio o de televisión. Me decían que no nombrara tanto a Fidel, que no hacía falta. En ese sentido no tengo ningún complejo de culpa, incluso allá en Monterrey me indignó cuando Busch, en ausencia de Fidel, arremete contra Cuba y Fidel, en su discurso de apertura.

Cuando me tocó hablar, como te he explicado antes, lo menos que podía hacer era, como lo hice, decir que este año en Venezuela, en el año 2003, a pesar de que el tema que se estaba tratando era de crecimiento con equidad, en Venezuela no hubo crecimiento económico, caímos a menos del 10 por ciento por el golpe y el sabotaje petrolero, es decir hubo decrecimiento económico y sin embargo, hubo crecimiento social, de equidad y de la justicia social, como por ejemplo, con la Misión Róbinson gracias al invalorable apoyo de Cuba.

Me dijeron que Busch se puso rojo, yo no estaba mirando, qué iba a mirar, pero después me dijeron que estaba rojo, ni se movía en la silla, porque nombré como tres veces a Cuba, agradecí el esfuerzo del pueblo cubano y de Fidel. Yo no tengo ningún complejo de ese tipo, lamento que otros lo tengan, porque eso mismo me decía Kadaffi cuando le comenté por teléfono lo que había sucedido en Monterrey, se estaba preguntando por qué Cuba no se encontraba en esa reunión de todo el continente americano. "¡Ah bueno!, es que a Cuba la excluyeron los norteamericanos", entonces me dijo, "fíjate Hugo, aquí en África, en una ocasión los ingleses, en una reunión con la Unión Europea, quisieron impedir la asistencia de Mugabe, el presidente de Zimbabwe y entonces nosotros dijimos que si no iba Mugabe, no iba nadie, América Latina debería hacer lo mismo", fíjate cómo nos manipulan, nos coaccionan.

Es lo menos que nosotros podemos hacer sin complejo de ningún tipo. A mi me honra la amistad de Fidel y cada vez que el alma me lo dice, lo expreso y lo agradezco, no por mi, sino por nuestro pueblo. Ese empeño de Fidel por cooperar con nosotros es una cosa que no creo que tenga precedentes. No creo que tenga precedentes de presidente alguno con otro pueblo, que no sea su propio pueblo. Es algo permanente, consistente y creciente además.

Sus hijos y nietos

Como habrás observado mi familia es muy grande, tengo cuatro hijos, pero a la vez tengo millones, porque todos esos niños son un poco hijos de uno, dijo nuestro poeta Andrés Eloy Blanco, "el que tiene un hijo, tiene todos los hijos del mundo". Yo veo a esas muchachitas de 18, de 20, y las veo como a mis hijas, o los muchachos de 18, los que juegan béisbol, los niños de los barrios, aunque hijos míos, de mi sangre, de mi amor, de mi carne, son cuatro. Tengo, además, dos nietos, un varón y una hembra, ya la niña está en la escuela.

Lamentablemente, tengo poco tiempo para dedicarle a mi familia, más bien me lo dedican a mi, mi padre viene por aquí de vez en cuando y también mi mamá. A veces, muy poco, me escapo para acá, claro que por el contorno hay condiciones de seguridad muy difíciles. Casi no vengo, aquí viven mis hijos grandes. Ahora Rosa se casó y se fue con su marido a un apartamento, así que los veo de cuando en cuando, por ahí. Me visitan en Palacio.

De alguna manera están integrados al proceso revolucionario, unos más que otros. La más integrada es María Gabriela, que está estudiando en la universidad, es la que me da información, ideas, a ella le gusta mucho. Rosa lo hace menos, aunque participa, no pudiera decir que no está integrada; Hugo menos todavía, es el que más ha sufrido los embates de todo esto y Rosa Inés que tiene seis años, a veces se pone su boina roja.

Yo siento que ellos me aman y que han entendido el proceso. El varón es el más rebelde, aunque no lo ha entendido muy bien, y de las hembras, Rosa lo ha entendido, lo asume, aunque María mucho más. Desde niña, María entendió muy rápido, recuerdo que cuando me iban a ver a la cárcel, Rosa lloraba, mientras que María iba como feliz, volaba y se lanzaba. Son dos personalidades distintas, cuando Rosa se desarrolló, que tuvo su primera menstruación, le daba miedo decírmelo, fue la mamá la que me dijo y ella estaba por allá en un cuarto, acostadita, yo tuve que llegar a acariciarla y decirle, "¡ay, mi vida", no sé que más, y sacarle una sonrisa, estaba asustada. María en cambio, estando yo preso, llegó corriendo a la celda y me lo dijo con toda naturalidad.

En la actualidad, la Rosa tiene 24 años, María 22, Hugo 20 y Rosa Inés tiene 6.

María, cuando yo estaba preso, tenía 12 años, ella nació en el 80. Escribe muy bien, recuerdo que un día me dejó una carta que me había hecho, una cosa muy bella: "Papi, para mi gran amor —con doce años—, para mi gran amor. Papá, al fin comprendí por qué llegabas cansado a la casa en la noche y nos hastiabas, sentados allá, leyéndonos 'Oración a Simón Bolívar en la noche negra de América'", era un poema de Mafud Masís, un poeta chileno. Yo lo tenía, no sé de dónde, me lo regalaron y lo monté allá en la pared grande y en las noches se los leía a cada rato.

"Ahora, por fin comprendí papá, por qué los viajes a la playa sin traje de baño, 'vámonos, vámonos, móntense' y nos íbamos, arrancábamos, siempre una lancha, una isla y una gente joven escondida por allá".

Así fue que comprendió. Un día, estando preso y conversando en el cuartito, me dijo, "papá, yo quisiera, cuando vamos por ahí en el autobús con mami, gritar duro, 'yo soy la hija del comandante Chávez', ¡muchacha!", bueno, María es la que está más compenetrada con todo esto. Ella puede escribir, se lo he dicho y la estimulo para que escriba, para que lea, cosa que le gusta mucho, es guevarista a morir y fidelista a rabiar.

Fíjate que el día del golpe, yo llamo, logro hablar con Rosa, que estaba con María. Rosa estaba llorando mucho, lloraba y lloraba, y no podía casi hablar, estaba escondida en una casa de su novio, hoy su marido, en la playa. Cuando hablamos un ratito, me dice que ahí estaba María y me la pone al teléfono. María es mucho más firme y me habla, como en broma, "dónde estás papá, le digo, mi vida estoy preso otra vez. Bueno papá, ¿otra vez preso?", así como el que dice, ¡coño hasta cuando, otra vez preso!"

Ahí es cuando le digo, "María, María, óyeme, ponte a llamar a medio mundo y di que yo estoy preso, que no he renunciado porque están diciendo que yo renuncié, no he renunciado ni voy a renunciar María y mira, que me pueden matar aquí", evidentemente me iban a matar, porque estaban leyendo la renuncia mía por televisión.

"Renunció el presidente", "se fue Chávez", aquí está y una firma que no era la mía. Evidentemente, cuando veo aquello, por un televisorcito que me prestó un teniente, de los que me estaba custodiando donde me tenían preso, me digo, ya estoy muerto, la única forma que yo no desmienta eso es muerto, es cuando le pido al teniente que me consiguiera un teléfono y llamo y llamo y me comunico con mis hijas. María llama a Fidel, se conectó con él y le asegura que yo estaba preso, es cuando Fidel decide ponerla al habla con unos periodistas de la Mesa Redonda.

Fidel la llama la heroína y se siente, ¡imagínate!, la heroína de verdad.

La guerra de Iraq

La guerra de Iraq es producto de la irracionalidad y de la incapacidad que hay en Washington para leer al mundo. El ejemplo claro es el de aquí cuando el golpe de estado, que fue apoyado por Washington y sin embargo, se equivocaron de plano, qué incapacidad para leer el mundo, para entender lo que pasa en el mundo. En Washington pensaron que sí, que tumbar a Chávez e instalar un gobierno de transición, como ellos lo llaman, en Venezuela, aseguraba el petróleo, como si fuera beber un vaso de agua. Por eso se llevaron tremenda sorpresa, yo creo que igual les ha sucedido en Iraq, cuando pensaron que invadirlo, meter los tanques hasta el corazón de Bagdad, derribar la estatua de Sadam e instalar un gobierno militar de ocupación y todo quedaba listo, qué falta de lógica para interpretar lo que es un pueblo, el pueblo iraquí o cualquier otro.

Nosotros, por supuesto, que rechazamos la guerra desde el primer momento, siempre hemos dicho que abogamos por el respeto a la auto determinación de los pueblos, a la independencia nacional. Ahora a lo hecho pecho, por más que rechacemos la guerra y aboguemos por el respeto a la humanidad, a los derechos de un pueblo, ahí están las tropas de ocupación recordándonos que no es así, el asunto está en preguntarse hoy, qué salida se le puede buscar a todo esto, qué salida se le puede buscar a Iraq, ¿será que Naciones Unidas podrá imponer sus criterios?, difícilmente, si no lo lograron hacer antes de la guerra, creo que ahora menos, o será la presión internacional que por otra parte ha disminuido o la presión interna del mismo pueblo de los Estados Unidos, que también ha disminuido, porque hubo un momento en que adquirió una fuerza bastante importante, pero luego declinó. Por eso la pregunta a hacerse es de si será posible reactivar algunos factores con la suficiente fuerza, para obligar a Estados Unidos y a Inglaterra a retirarse de Iraq. Lo veo difícil al menos en estos meses, habrá que esperar algo, creo que la ocupación continuará, no creo que Estados Unidos tome la decisión de retirarse, por más muertos que sigan trayéndole de aquellas latitudes.

Hay una posibilidad, y es que el pueblo de Estados Unidos pudiera desplegar su protesta contra el gobierno de Busch y contra la guerra, a través de múltiples maneras, salir a la calle, como salió el año pasado o cuando la guerra en Viet Nam, o esperar las elecciones de noviembre, ahí pudiera producirse un escenario que provoque un cambio de política hacia Iraq, aunque es bien difícil, porque Iraq se está convirtiendo en un Viet Nam, pero no en la selva, sino en la arena.

Creo que es una lección dolorosa, porque no queremos muertos, ni de civiles, ni mucho menos de niños inocentes y tampoco de soldados iraquies ni de Estados Unidos, no queremos la muerte para nadie. Sin embargo, la resistencia se manifiesta y se producen muertes casi todos los días, con los atentados, que ya están llegando a niveles monstruosos, de 100 muertos, de bombas a las puertas de los hoteles donde están los norteamericanos, a las puertas de los cuarteles, ese es un pueblo en resistencia, y un pueblo que además es guerrero por naturaleza, tiene siglos guerreando, desde Mesopotamia y todos esos imperios.

Es una lección, porque los que pretenden dominar el mundo tienen que verse allí, en las arenas de Iraq, con la resistencia del pueblo iraquí. Es una lección para los imperialistas, como fue la resistencia del pueblo venezolano de aquellos días de abril, la respuesta digna de los generales patriotas y los soldados del regimiento de la guardia presidencial que se negaron a tocarle honores a Carmona. Hubo un soldado que dijo, "¿quién es ese viejito, dónde está mi presidente Chávez?", así dijo un soldado, "no le tocamos honores" y no le tocaron honores a Carmona, a pesar de que salió con una banda tricolor.

Después llegó un coronel y le dijo, "está preso señor Carmona, quítese esa banda" y preso lo metieron. Esas son respuestas dignas que nos permiten pensar en un mundo distinto, donde se acaben los imperios, ¡ojalá!

Contra el ALCA un ALBA

Con relación al ALCA, siempre hemos manifestado nuestro desacuerdo, porque es contrario al mismo planteamiento que está contenido en nuestra constitución. Nosotros no pudiéramos firmar un acuerdo del ALCA sin violar el texto constitucional.

El ALCA es un atropello a la soberanía, es un proyecto colonial, imperialista. Nosotros estamos allí porque cuando llegamos al poder, Venezuela estaba en la llamada Cumbre de las Américas, pero desde el primer día, en Quebec, fuimos muy firmes. Claro en ese tiempo estábamos solitarios, en esa cumbre Venezuela estaba sola en esa posición. Algunos países pequeños, algunos presidentes, recuerdo que me dijeron en Canadá, en esos días del año 2000, algo así como un reconocimiento, pero en el pasillo, "qué bueno su discurso y qué buena su advertencia", y yo le preguntaba a algunos el porqué no decían lo mismo, "si tú lo sientes, por qué no lo puedes decir ahí. No presidente, nosotros no tenemos petróleo, somos chiquitos". El poder del imperio, chantajear, es bestial. A veces una llamada telefónica desde Washington basta para quebrar a un gobierno, una simple llamada telefónica.

Eso no funciona con nosotros y no sólo por el petróleo. Yo le dije al amigo este que me comentó, "mira, aunque Venezuela no tuviera petróleo, tendríamos la misma posición, no se trata del petróleo, se trata de una posición, de defender los intereses de tu país".

Ahora, en la medida en que hemos venido avanzando, nos

topamos con una situación distinta y es que ya tenemos otros países en el conjunto del continente, que si no están exactamente alineados con nuestra posición, están muy cerca. Es el caso de Brasil, que aún cuando haya presentado una versión *light* de ALCA, a la que llamo ALQUITA, sin embargo, hay ahí determinadas posiciones, sobre todo con Lula, porque Lula es Lula.

Lula es un hombre firme, tiene ideas muy firmes, claro que hay otros componentes allí, difíciles, existe una situación en la que hay que ver quién es el hombre y cuáles son sus circunstancias. Con Argentina está ocurriendo igual, se ha acercado mucho a la posición nuestra, también el CARICOM, casi como un todo, porque los caribeños han entendido que el ALCA es para arrasar con lo poco que ellos tienen de índices o de posibilidades de desarrollo. Así que yo creo que el ALCA no va a ser posible.

La última reunión en Puebla, hace una semana apenas, terminó en nada, en nada. El ALCA a estas alturas ya está derrotada, pero sin embargo la batalla hay que darla, sobre todo la batalla por la alternativa.

Nosotros hemos hablado esto con Fidel, a mi se me ocurrió, fue una travesura. Te voy a contar esto rápido.

La Cumbre del Caribe, fue aquí en Margarita, el 10 de diciembre del 2001. Llegaron Fidel y los amigos del Caribe, coincidiendo su visita con el primer paro empresarial. Fidel venía feliz ese día, llegó a medianoche, después de que yo había participado en 4 actos, uno aquí, otro allá, porque era el día de la fuerza aérea, incluso me fui al llano, lejos, a entregar tierras y a promulgar la ley de tierras. En esas condiciones me trasladé para Margarita a medianoche a esperar a Fidel, quien llegó como a los 15 minutos. Estaba uniformado y venía con una sonrisa de oreja a oreja, y yo le pregunto "¿por qué estás tan feliz? y me dice, te envidio, un paro patronal, maravilloso", esa noche casi no dormimos. Es en esa cumbre que a mi se me ocurrió, pero como una travesura, condenar el ALCA y proponer el ALBA, era una travesura de juego de letras.

Contra el ALCA un ALBA, el amanecer, y ¿qué es ALBA?

Alternativa Bolivariana para la América. Termina la cumbre, se van todos, y como a la semana me llega de Fidel una solicitud en la que me pedía que le enviara el documento del ALBA, y yo me pregunto qué documento, si no tengo nada. Aquí no hay nada de eso, nada de ALBA. Sin embargo, ya hemos estado trabajando en una propuesta que va ir creando dimensiones de concreción, por ejemplo en Brasil, ahora que viene Lula, voy a seguir insistiendo en el tema y también con otros países, pero por supuesto que Brasil es el gigante de Suramérica.

Imagínate lo que significaría una PETROAMERICA, Venezuela, Brasil, PETROBRAS, PDVSA, más adelante Colombia que tiene COPETROL y Trinidad que tiene PETROTRIN, todas son puras empresas del estado, afortunadamente nunca las privatizaron. Ecuador tiene PETROECUADOR y Perú tiene a PETROPERU también, Bolivia tiene un gran potencial gasífero, que fue uno de los detonantes de la crisis que sacó a Sánchez de Losada.

Imaginémonos ese arco, ese arco del norte de Suramérica, todos esos países con grandes reservas petroleras y gasíferas, una Petroamérica, una especie de OPEP Latinoamericana. Se requiere, claro, una voluntad política, pero esa es una de las propuestas concretas, bien concretas, de lo que sería un modelo alternativo de integración, al que nosotros, producto de esa travesura mía de Margarita, llamamos ALBA: Alternativa Bolivariana.

Hemos pensado también, en la idea de conformar una fuerza militar latinoamericana de defensa. Una fuerza así parecería un sueño, pero quién sabe si más adelante, o integrar áreas como la siderúrgica, el potencial siderúrgico. Cuba tiene, por ejemplo, unas minas de cobre, cómo se llama, de cobre, no, de níquel. El níquel y el acero se unen y se produce el acero inoxidable, y nosotros tenemos aquí el acero, por eso estamos trabajando Cuba y Venezuela en esa dirección, ojalá pronto acordemos algún esfuerzo conjunto sobre inversiones, acero y níquel, porque al final a nosotros nos venden después el acero inoxidable.

Igual pasa con el aluminio, nosotros vendemos el aluminio en barras, y después nos venden los aviones, nos venden los cubiertos de aluminio, los vasos de aluminio, las mesas, las sillas, qué se yo cuántas cosas. ¿Por qué?, porque nos falta darle valor agregado a la producción, eso sería uno de los elementos fundamentales para un modelo alternativo de desarrollo en América Latina, desde el punto de vista económico. Eso sería el ALBA.

"Si hay Referendo, de todas formas lo ganaríamos…"

Con relación al Referendo[54], estoy seguro que esa gente no recogió las firmas, anoche mismo me presentaron el documento, y qué bueno sería que ustedes pudieran llevárselo, lo que pasa es que todavía se están procesando y no es el momento de sacarlo a la luz, pero ya llegará el momento.

Anoche me llegaron copias de las planillas donde esa gente firmó. Y ahí se ven algunas muestras solamente, donde hay personas que firmaron dos veces, ya tenemos los nombres, en el que la firma fue repetida. También hay planillas, miles, son como 60 000, que desaparecieron de las mesas, se las llevaron y luego las introdujeron, un mes después en el Consejo Electoral. Algunas de esas planillas que yo vi anoche, las llenó una sola persona, ¡imagínate!, una sola persona, haciendo lo que aquí llamamos plana, una sola persona llenando y una sola persona firmando, firmas falsificadas con el número de célula correspondiente a personas muertas o a personas menores de edad.

Vamos a publicar todo esto, anoche estuvimos reunidos para eso, incluso yo lo decía en alguna ocasión, esta oposición a mi me defraudó, porque siempre dije que al establecer la figura del

---

54. Consultar Nota 41.

Referendo revocatorio, esta se había hecho para que pudiera realizarse, no se estableció una fórmula para hacer lo imposible.

No, es como el bateador, que es posible que le dé un hit a un pitcher si le pasa la bola por el centro, pero si se la pasa por atrás, nunca le va a dar un hit, igual que si me pitchea con una pelota chiquitica. Si se cumplen las normas yo le puedo dar un hit, ahora qué pasa, la fórmula del Referendo revocatorio es una proposición de nosotros y establecimos algunos criterios, como es la obtención del 20 por ciento de las firmas, que no es una cifra imposible de alcanzar. Hace tres años, en las últimas elecciones, contra mi votaron dos millones 800 000 personas, se supone que eso pudiera haber crecido así como ha crecido la población electoral, porque muchos jóvenes van inscribiéndose, pero aún así no creció.

Nosotros sacamos un millón más, millón y pico más. La recolección de firmas se hizo en cuatro días, si en un día votaron contra mi 2 millones 800 mil, en cuatro días perfectamente han podido recoger 2 millones 400 000 firmas, que son mucho menos que lo que sacaron hace tres años en votos. Así que yo siempre le dije a la gente mía, vamos a trabajar pensando en que ellos pudieran recoger la firmas si se organizan bien y con toda la ventaja mediática.

Porque si con todo el dinero que tienen aquí y el que les mandan desde Washington, como se ha demostrado hace poco, con recibos y todo, los miles de dólares que mandan desde Washington, no pudieron recoger las firmas, en verdad, me han defraudado, porque pensé que iban a recogerlas de manera legal para el Referendo.

Ahora el problema no está ahí, el problema está en que ellos, incapaces de recoger las firmas legalmente, desataron un conjunto de medidas o de acciones fraudulentas, como eso de firmar varias veces, a sabiendas de que eso se iba a detectar más adelante o sabiendo de que era muy difícil de que no se detectara, porque todos íbamos a estar pendientes.

A pesar de eso, mandaron a mucha gente a firmar dos y hasta tres veces o firmaron personas muertas, yo tengo listas de muertos de hace 20 años que aparecen firmando, o pusieron a firmar a sus hijos menores de edad, o se llevaron las planillas para el exterior y a gente que vive en el exterior. Eso estaba prohibido, tenían que venir a firmar aquí, sin embargo firmaron por allá.

Ya tenemos la lista, incluso con el pasaporte de salida y todo, de que estaban en Nueva York y aparecen firmando como si estuvieran aquí, aparecen en una mesa y el tipo había estado en Nueva York todos esos días, pare usted de contar todo lo que hicieron. El objetivo era muy claro y siempre lo dijimos, ellos van a entregar, yo pensé incluso de que iban a llegar a entregar más porque ya lo habían dicho, "vamos a entregar cinco millones de firmas".

Al final, a pesar de todo lo que hicieron, dijeron que estaban entregando tres millones 400 000 firmas, es decir, un millón más de lo necesario. La idea de ellos era entregar tres millones más de lo necesario, que son dos millones 400 000, por qué, bajo una lógica, entregar tres millones y medio de firmas aún cuando sean repetidas, de muertos, etc. Es muy difícil para un Consejo Electoral desmontar tres millones de firmas, tumbarles tres millones de firmas, ahora entregaron un millón más, por eso el Consejo está en disposición, al menos tres de los cinco rectores, de eliminar las firmas que haya que eliminar, estoy seguro que son más de un millón, ahora sí estoy seguro, tuve dudas, pero ahora sí estoy seguro. Porque ya he visto de todo.

¿Hay alguna posibilidad de que el Consejo Nacional Electoral deje de cumplir su responsabilidad y de chequear todas las firmas y eliminar las que no son válidas? Yo diría que sí, pero creo que son pocas las probabilidades, porque hay un grupo de personas bien firmes y dispuestas a determinar lo que haya que determinar y hacer que se cumpla la ley electoral y las normas que ellos mismos establecieron antes de la recolección de firmas. Por lo tanto, concluyo y te digo que lo más probable para mi, lo más probable objetivamente y sin que haya ningún tipo de presión de parte nuestra es que el CNE termine diciendo que no existen las firmas suficientes, aún cuando hay alguna probabilidad de presiones o amenazas de muerte. Así como el tribunal supremo de justicia decidió por un voto a favor de que no hubo golpe de estado, ¡imagínate tú!, de que yo no estuve preso, sino custodiado, tuve que tragarme todo eso, tuve que tragar arena, tierra, el día ese que decidieron eso y lo anunciaron al mundo, no, aquí no hubo golpe, aquí el presidente estaba custodiado.

Aquí no hubo muertos, no hubo nada de eso, todo lo echaron a un lado, claro fueron 11 magistrados contra nueve, por un voto, nueve se mantuvieron firmes, siguen ahí. Ahora qué ocurre, en este caso es mucho más difícil, lo mas probable es que no haya referendo, lo más probable es que algunos sectores de oposición se vuelvan locos y traten de conducir al país por los caminos de la violencia, pero ahora te digo lo que he dicho por ahí como una advertencia, aquel Hugo Chávez permisivo, superflexible hasta el borde de lo inaguantable, se quedó atrás, se quedó atrás.

Aquel alto mando militar que estaba cuando el golpe y que algunos se pasaron al bando de la traición y otros temerosos no tomaron decisiones, a pesar de que les di órdenes para frenar la masa aquella que mandaron hacia palacio y bloquearla sin necesidad de matar a nadie, porque la hubieran bloqueado de muchas maneras, pero no quisieron hacerlo, porque eso era parte del golpe. Ahora no, ahora tenemos un alto mando militar bien firme y bien dispuesto a activar los planes que haya que activar, de todas formas tengo la esperanza y tengo más que esperanza, la idea muy firme, producto de informaciones y análisis, que hemos mejorado mucho en cuanto a los instrumentos de inteligencia, de detección y de análisis de la realidad. Es posible que haya focos de violencia generados por esta gente, pero no creo que sea probable para nada que nos vayan a llevar otra vez al estado de máxima tensión y violencia a que nos llevaron o a la situación defensiva total en que caímos esos días de abril y de diciembre del 2002.

Creo que no habrá referendo, habrá algunos problemas, habrá que enfrentarlos con mucha firmeza, creo que la mayor parte del país, incluyendo sectores de la oposición no quieren violencia, creo que algunos han aprendido, porque los empresarios que se dejaron empujar por la vía del sabotaje no quieren repetirlo y tenemos evidencias de que lo que quieren es trabajar, producir y recuperar las pérdidas que tuvieron, porque perdieron bastante dinero y nadie se los pagó, los verdaderos dueños del golpe se fueron del país y no le respondieron a nadie, a su gente. Creo que mucha gente de la clase media se cansó de marchas y marchas, que si Chávez se va, que ya se va, que ahora sí se va y nunca se fue. Creo que algunos se dieron cuenta de que los utilizaban como imbéciles, los llevaron incluso como carne de cañón, creo que el país hoy está en una situación mucho más favorable. Pero en todo caso estaremos con los ojos muy abiertos.

Si hay referendo de todas formas les ganaríamos, por qué lo digo, es una matemática sencilla, porque para que ellos pudieran revocar el mandato necesitan sacar si hubiera referendo, al menos un voto más de los que yo saqué, aquellos 3 millones 800 mil. Si ellos en cuatro días dicen haber recogido 3 millones 400 mil firmas, que estoy seguro que limpiándolas no llegan ni a 2 millones 200 mil, en un día es imposible que ellos saquen 3 millones 800 mil y un voto más de los que yo saqué en el 2003.

Las próximas elecciones presidenciales para un nuevo período de seis años serían en diciembre del 2006, después seguirían las del 2012 y correspondería entregar el gobierno en el 20013. La idea entonces sería consolidar, hay vientos a favor, hay también muchas amenazas internacionales y nacionales, pero a nivel internacional siento que hay vientos a favor, incluso, pudieran haber cambios importantes en el continente este año, desde los Estados Unidos hasta muchos otros gobiernos y fuerzas nuevas.

Ahora la idea es consolidar este proyecto en los 9 años que quedan, este proyecto político, fortalecer las instituciones, terminar de enterrar lo que hay que enterrar, como decía Gramsci, cuando graficaba las crisis, al decir que son verdaderas cuando hay algo que está muriendo pero que no termina de morir y al mismo tiempo hay algo que está naciendo y tampoco termina de nacer y nosotros tenemos que terminar de enterrar lo que tiene que morir y parir lo que tiene que nacer y estamos todavía lejos de eso, de ahí mi empeño, no es que tenga un empeño personal de estar aquí, siempre digo que no soy presidente, yo no me siento más que nadie, yo soy Hugo, sin negar que ahora, como soy presidente, es otra cosa.

En una ocasión, hablando con Fidel, me preguntaba, "¿qué estás haciendo Chávez? Vengo llegando de no se dónde, caminé por allá y hablé con una gente, y tú ¿qué estás haciendo? le digo. Igual, casi igual, vengo de por allá, y entonces me dijo, ¿tú sabes lo que somos nosotros? Lo que pasa es que nosotros no somos presidentes Chávez, somos dos tipos que andamos por ahí". Y en verdad eso es lo que uno es, Fidel dio en el clavo, ¡qué presidente ni que nada!, **soy un tipo que anda por ahí.**

Soy un hombre feliz. Soy feliz porque me siento útil a una idea con la que soñé muchos años, desde joven, soy feliz y veo a Venezuela con un gran futuro y no sólo a Venezuela, también a toda América Latina. Creo que este debe ser el siglo, como decía Simón Rodríguez, "la utopía de Tomás Moro está aquí en América, la América meridional", decía él y, sí, creo que este siglo es el siglo nuestro, ya está bueno, nosotros no somos los condenados de la tierra de Fanon[55], nosotros tenemos que ser, decía Bolívar, el nuevo género humano, una liga de África con lo indio, con lo americano, con lo europeo. Por eso el Che hablaba del hombre nuevo y creo que ya llegó la hora, se ha hablado bastante, se ha luchado bastante, se ha fracasado bastante, pero ya basta de fracaso, creo que ahora sí, lo siento y me siento muy feliz por eso, muy optimista por, como decía mi abuela, se puede oler el viento de agua, se huele.

Finalizadas las preguntas, cuando recogía mis cosas, vi sus piernas bajo la mesa de cristal, y me di cuenta que carecían de vellos, así que en forma de broma le pregunté si era lampiño, a lo que respondió:

---

55. Se refiere a Frank Fanon y a su libro *Los condenados de la tierra.*

— *Como ves, pues, los indios somos lampiños, aunque como soy un poco más blanco tengo lunares. Recuerdo que una vez, una mujer me preguntó que si me afeitaba las piernas y le digo: ¡No, que no me salen pelos en las piernas!*

Así entre risas y camaradería, dimos por terminada la entrevista, dejando un poco de ternura junto a él. Partimos sin decir adiós, sólo un pequeño hasta luego.

Epílogo

Antes de regresar a Cuba, visité a una mujer muy especial, Noeli Pocaterra, Vice Presidenta de la Asamblea Bolivariana, fue una experiencia inolvidable. La había conocido en Maracaibo y algo sabía de su actividad en defensa de su pueblo, pero tenerla cerca y conversar un tiempo, que para mi gusto fue muy corto, era sentir bien adentro la grandeza de nuestros pueblos.

Noeli Pocaterra es una mujer wayúu, uno de los grupos que habitaban nuestro continente a la llegada de los conquistadores y que todavía hoy mantiene su cultura, su lenguaje y creencias espirituales, con los que ha resistido más de 500 años de explotación y humillación. Ella me contó muchas cosas, algunas de las cuales quisiera compartirlas con ustedes.

Noeli dice que para ella ha sido muy difícil aceptar la religión cristiana, porque desde los supuestos orígenes de la vida se plantean teorías muy individualistas, mientras que sus creencias narran leyendas colectivas, entre ellas, que la diosa Tierra no le hacía caso al dios de la Lluvia y un día este último se molestó tanto que provocó un gran relámpago. La Tierra al escuchar el ruido se asustó y miró al dios Lluvia, lo que este interpretó como su consentimiento y la inundó de agua, por lo que poco tiempo después nacieron las primeras plantas. No conforme el dios Lluvia todavía, decidió volver a inundar la tierra con su savia y así surgieron los primeros wayúu, todos juntos a la misma vez surgieron de la madre Tierra. Sin embargo, cuenta la historia que la primera cabecita en salir fue la de una mujer, de ahí que ellas sean las que trasmiten el peso de la descendencia.

Por supuesto hay mucho más, pero a mi me llegó la ternura y la fuerza de lo que piensan que son sus orígenes, todos juntos como pueblo, sin diferencias de clase, con igual respeto, con mayores compromisos sociales, para los que el colectivo elija como representantes, pero con igualdad de derechos para todo su pueblo.

¡Qué hermoso sería si todos entendiéramos este mensaje, esta enseñanza!

Mamacita, como terminé por llamarle también, me contó un encuentro memorable, que tuvo el entonces capitán Hugo Rafael Chávez con un grupo de pobladores autóctonos de un pueblito donde había sido destinado como jefe militar.

Resulta que cuando los moradores ven llegar un transporte militar y sus ocupantes, de inmediato se esconden porque los antecedentes que tenían no eran nada agradables, pero un grupo de niños estaba jugando con un carnero envuelto en grasa y no pudieron esconderlos, por lo que decidieron quedarse cerca para ver que ocurría y en caso necesario salir a auxiliar a los niños, así que cuál no sería su sorpresa cuando vieron que el joven militar al descender del vehículo va de inmediato a donde están los niños, toma a uno de ellos en sus brazos y lo limpia un poco con su mano. Como sienten que no hay peligro, poco a poco van saliendo y acercándose al militar que ha traído con él a un traductor de su idioma y que trata de comunicarse con ellos.

Dicen que Chávez pidió un poco de agua, pero nadie se movió ni dijo nada, el traductor intenta nuevamente comunicarse y les pide el agua, uno de ellos se decide a explicar que como no tienen vasos no saben como ofrecérsela, a lo que Chávez responde que le den una jícara, tomará donde lo hacen ellos. Poco después, deciden ir a cazar juntos, utilizando sus flechas a petición del capitán y al regresar preparan juntos el alimento.

En la tarde, Chávez insiste en llevar con él a un grupo de ellos, para que sepan dónde encontrarlo en caso de necesitarlo para lo que ellos dispusieran, así les muestra el cuartel y la casa donde habita y efectivamente, en varias ocasiones fue necesaria su intervención, pues todavía en aquella época y por esa zona, algunos "blancos" tenían como deporte la caza de indígenas, les disparaban de la cintura hacia abajo y había quien cortaba orejas como un trofeo de caza, sin embargo, lo que ocurría era que los dichosos "blancos" quedaban impunes de su delito, nadie los acusaba, ¿quién iba a escuchar una queja de los nativos? Nadie.

El problema esencial para estos hombres es que entre ellos existen leyes y para poder perdonar tienen que recibir algo a cambio, pero el hombre "blanco" nunca ofrecía nada para mitigar el ultraje, así que algunos se decidían por tomar algún cerdo, de forma tal que pudiesen perdonar, ¡ah!, entonces eran acusados de ladrones y como tal sancionados, por lo que encima de todo el maltrato eran sentenciados. El tiempo que Chávez estuvo cerca trató de ayudarlos impartiendo justicia, por lo menos así es como lo cuentan los que ya en esa época no solo lo respetaban, sino que lo querían por defender a su pueblo.

Con Mamacita aprendí muchas cosas en muy poco tiempo, las que me han hecho sentir la necesidad de acercarme a mis raíces, de conocer mucho más de estos pueblos que con tanto valor han mantenido su cultura, para que podamos aprender a respetar más nuestra tierra y a nuestros coterráneos. Quizás por eso, duele tanto reconocer la ignominia en que viven todavía hoy y lo poco que son escuchados en este mundo.

En este corto paso por Venezuela, tuve el privilegio de contactar con personas extraordinarias, desde jóvenes a individuos con vasta experiencia, desde ministros a campesinos y población autóctona, en fin, una gama extensa de un pueblo hermano, complejo, diferente y a la vez muy parecido.

Estuve en los cerros de Caracas, con médicos cubanos y con sus pacientes, hombres y mujeres que siempre tuvieron muchas dificultades para ser atendidos por galenos que están muy lejos y, que casi siempre, cobran muy caro. Sin embargo, ahora tienen un médico que convive junto a ellos y que cuando no acuden a su consulta, son procurados por el profesional, que muchas veces forma parte de la familia porque se han integrado como uno más de la comunidad.

Miles de anécdotas se desprenden de esas conversaciones, como la de la joven colega que fue asaltada y llegó llorando al lugar donde vivía, de inmediato los vecinos se interesaron y no habían pasado tres horas cuando ya le estaban devolviendo lo sustraído y le pedían, además, que al salir usara su bata blanca para saber que era la médico cubana, aclarándole que nunca más pasaría algo así.

Estuve, también, con profesores que con mucho entusiasmo enfrentan la tarea de educar y elevar el nivel a sus conciudadanos. Visité antiguos cuarteles de la policía política, donde antes se torturaba y hoy se preparan nuevas aulas para el nivel pre y universitario.

Tuve la posibilidad de que me explicaran sobre los nuevos proyectos de viviendas, de las cooperativas de trabajo y conversé con muchachos que se dedican al trabajo social y que lo hacen con mucho entusiasmo. En fin, palpé una parte de un proceso revolucionario que está en marcha, que tiene mucho por hacer todavía y que necesita del respeto y la solidaridad de todos nosotros, los que de una u otra forma luchamos por un mundo mejor, porque la República Bolivariana de Venezuela es el ejemplo palpable de que sí, es cierto, que cuando un pueblo decide ser dueño de su destino y lucha por ello, puede hacer realidad sus sueños.

Luchemos por esos sueños, para que un día no muy lejano se hagan realidad; luchemos juntos, siempre, ¡hasta la victoria!

Aleida Guevara March
La Habana, 2004

ANEXOS

Un "Aló Presidente" guevariano

Domingo, 8 de febrero de 2004

Salimos de Caracas en horas tempranas y llegamos a Maracaibo sin contratiempo alguno. Conversé durante el viaje con varias personalidades venezolanas, cada una de ellas dignas de un libro, cosa que dejaremos para otra ocasión.

Al llegar formamos una caravana de autos y nos dirigimos a la ciudad donde se realizaría el "Aló Presidente". Había un mar de personas, alegres, llenas de esperanzas y todas queriendo estar más cerca para poder saludar a su presidente.

Ese día el programa estaba dedicado a la juventud y se recordaba la batalla de La Victoria que ocurrió el 12 de febrero de 1814, cuando la república se caía. Chávez reflexiona sobre esto y es cuando habla sobre el Che Guevara:

—...El Che Guevara decía, muy claramente, que para que un proceso revolucionario lo sea, debe captar la motivación popular y retenerla, incorporarla al pueblo, al proceso revolucionario, si no esa no sería ninguna revolución.

Y eso le había ocurrido a Bolívar hasta el año 1814, a Bolívar lo derrotó el pueblo venezolano en 1814, eso es absolutamente cierto, solo que Bolívar tuvo la grandeza de reflexionar, de entender y luego volvió y se unió a los negros, a los pardos, a los llaneros, se ganó la motivación popular, la admiración de aquel pueblo, se quitó todo vestigio del oligarca que era, mantuano que era y terminó con los desventados, como dice el poeta, terminó con los pies en el suelo, terminó como Martí, "con los pobres de mi tierra quiero yo mi suerte echar".

Y yo digo todo esto de manera general, como orientación estratégica para la batalla de hoy. El pueblo, el pueblo venezolano es vital y hago la referencia de Ernesto Guevara por muchas razones, pero una de ellas es que nos visita Aleida Guevara, una de las hijas de Ernesto Guevara, que está con nosotros aquí, hoy. Aleida es médico, es investigadora, es médico pediatra, es cubana y anoche conversamos algún tiempo, como dos horas más o menos, quizás más y es una mujer muy conversadora. Después de la entrevista, digamos formal, para un trabajo que ella está conduciendo con su equipo, nos quedamos hablando un rato y me contaba algunas anécdotas de su padre cuando ella era niña de cinco años.

Aleida, te abrimos el corazón y te decimos, ¡muchacha, bienvenida a esta tierra que es tuya, de tu padre, de Cuba y de todo ese pueblo!, un beso ¿qué tal?

—Bien.

—¿Cómo estás chica? ¿Cómo amaneciste hoy? ¿Descansaste un poco?

—Si, como no, muy bien, lista para la pelea.

—Para la pelea ¿Tú no conocías Maracaibo?

—No y todavía no lo voy a conocer pues no tendré tiempo de disfrutarlo. Es algo que me queda pendiente entonces.

—Te queda pendiente, pero te puedes quedar una tarde y recorrer La Limpia, La Cañada ¿no? Ahí está Noeli que es de esta tierra. Noeli te puede llevar a la Guajira ¿Noeli?

—Noeli: Claro, como no, con mucho gusto, yo ya se lo había dicho, ya nos pusimos de acuerdo en el sentido que si se marcha esta tarde con usted, teníamos que volverla a traer porque está muy interesada en la medicina tradicional.

—Ah! Y en los niños. Anoche agarró a mi nieto y no lo quería soltar ¿verdad?

—Verdad.

—Está lindo el carajito.

—Está bien lindo.

—Y parece que se enamoró de ti, un poco lo que tú pensabas de aquel hombre que le dijiste a tu madre, creo que está enamorado de mí, imagínate. ¡Qué cuento bonito!, ¡lo podemos echar?

—Si, no hay problemas.

—¿No hay problemas?

—Nada, eso es cuando papi entra a Cuba, proveniente del Congo, para prepararse para Bolivia, y entra a Cuba sin que nuestro pueblo lo supiera, se transforma en el viejo Ramón y quiere despedirse de sus hijos. Fuimos a verlo, pero no sabíamos que era mi papá. Después de cenar con él, me caí, me di un golpe en la cabeza y mi padre me tomó en sus brazos, él era médico y además mi papá, así que me toca, me palpa y algo me trasmite porque un rato después yo intento decirle a mami un secreto, que luego digo a plena voz, "Mamá, yo creo que este hombre está enamorado de mí". Claro, no sabía que era mi papá, pero sabía que había una ternura muy grande y él era capaz de trasmitir ese afecto aún sin palabras.

Por eso es que después, durante la adolescencia busqué en mi memoria todos esos raticos y dije, bueno, no está con nosotros pero supe que nos amaba y supe que había sido un hombre digno y un hombre consecuente con lo que pensaba.

Hay un editorial de un periódico que dice que mi papá no estaría con Chávez y a mi me gustaría realmente recordarle que nosotros, hablo de mi pueblo, nos hemos educado siempre con su presencia y aquí hay muchos cubanos, también hoy, compartiendo con el pueblo bolivariano. Ellos son hijos del Che Guevara, así que cada médico cubano que se comporte con dignidad, hace al Che presente.

—Los que mueren por la vida no pueden llamarse muertos. Vamos a saludar a los Che Guevara que están por ahí, a los médicos cubanos, a las médicas cubanas de la misión Barrio Adentro, que hay centenares ¿Cómo están compañeros? Un abrazo para ustedes y el reconocimiento del pueblo venezolano. ¡Hoy y siempre Barrio Adentro!

Bueno, oíamos a Aleida Guevara March. Ahí está el rostro inconfundible de uno de los más grandes revolucionarios de la historia de América y del mundo, Ernesto Guevara, hombre fiel a sus ideas.

En una ocasión escribió el Che, "en una revolución verdadera, o se triunfa o se muere"; y así es, o se triunfa o se muere. De ahí viene el grito "Patria o Muerte", que nosotros lo unimos a la consigna del patriota José Félix Rivas, que en la batalla de La Victoria, dijo a sus tropas antes del encuentro decisivo, "¡Que viva la República!" Eran muchos los jóvenes seminaristas, estudiantes de la Universidad de Caracas, jóvenes que casi no sabían manejar un fusil, pero que formaron un ejército para tratar de parar a Bobes y a la furia que venía a caballo, por eso es que Rivas les dijo, "muchachos, allá viene Bobes, no podemos optar entre vencer y morir, es necesario vencer, ¡Qué viva la República!"

Hoy decimos lo mismo, nosotros no podemos fracasar, no podemos fallar, estamos obligados a vencer, por eso decimos venceremos.

—Pero hay otra frase también del Che, que para mi es muy importante, porque es la muestra de que hay que continuar siempre y él se despidió del pueblo cubano diciendo, Patria o muerte, pero hasta la victoria siempre, siempre lucharemos hasta alcanzar la victoria, pienso que esta frase nos pega más.

—Más todavía, ese es el camino, la victoria, siempre la victoria. Y que casualidad, la batalla de la que estamos hablando se dio en el pueblo que se llama La Victoria, siempre la victoria. José Félix Rivas decía no podemos optar entre vencer o morir.

Bienvenida pues, Aleida, tú y todo tu equipo, tus compañeros, amigos y amigas, que esta es también la patria de ustedes, amiga y hermana.

Cuando finalizaba el programa de Aló Presidente, Chávez me llamó a su lado.

—Oye Aleida, ven acá muchacha. Como dijo tu padre aquella vez, el presente es de lucha y el futuro nos pertenece, pero les pertenece ya a ustedes. Así decíamos, nosotros decíamos así en los 60, en los 70, el presente es de lucha, el futuro nos pertenece; y yo a veces digo, y no tiene nada de pesimista esto, bueno nos robaron el futuro.

Caminamos los 60, caminamos los 70, caminamos los 80, caminamos los 90 y llegamos al 2000, la fecha mágica y ¿Dónde está el futuro? Nos lo robaron.

—Lo estamos construyendo.

—Exacto, construyendo, pero ya no es para nosotros.

—Si, también es para nosotros, es el fruto nuestro. Lo sembramos para las nuevas generaciones.

—¡Es verdad! Más de ellos y del nieto mío que tu cargaste y de tus niñas ¿de cuantos años?

—De 15 y 13

—¿Se llaman cómo?

—Estefanía y Celia.

—¿Y tu madre?

—Aleida, yo me llamo como ella.

—Una muchacha de 70.

—No diga eso, que nos mata.

—Gracias, querida.

De regreso a Caracas conversamos unos minutos sobre el hábito de fumar y algunos temas que me llamaron la atención de su conversación con el pueblo, incluyendo la extensión de la misma. Además nos pusimos de acuerdo en la fecha para la próxima entrevista y allí nos volvimos a encontrar[56].

---

56. Se refiere a la entrevista efectuada el 9 de febrero del 2004 y que conforma la segunda parte del presente libro.

Versión de la entrevista con el general Jorge García Carneiro

—¿Cómo se relacionan las Fuerzas Armadas con el Movimiento Bolivariano?

—Ante todo quiero hacer una aclaración sobre mi posición cuando estaba como comandante de la Tercera división y de la Guarnición militar de Caracas, que ocupa los estados Vargas y Miranda.

Yo diría que las Fuerzas Armadas no tenían ninguna relación directa con el Movimiento Quinta República, simplemente nosotros, a través de algunas decisiones, buscamos una nueva forma para conducir a las Fuerzas Armadas por la vía del desarrollo nacional.

Acuérdese que las Fuerzas Armadas tienen dos funciones fundamentales, que son la seguridad y defensa del país, su soberanía sobre los espacios geográficos, tierra, mar y aire, esas son sus funciones fundamentales.

Y una misión colateral que le ha asignado la Constitución de la República Bolivariana de Venezuela, la de participar en el desarrollo nacional. Para eso, la institución tiene unidades, como el Sexto cuerpo de ingenieros, que se ha dedicado, con equipos y especialistas en ingeniería a laborar en la construcción de vías férreas, tarea que impulsa el gobierno nacional porque se ha demostrado que para desarrollar el país se necesita un transporte barato, económico, rápido y además, que de una forma u otra mejore la calidad de vida de los pueblos por donde transite.

Estamos apoyando la recuperación de escuelas, centros ambulatorios, canchas deportivas, con el objetivo de mejorar la calidad de vida de los barrios. Participamos también en las jornadas humanitarias, en las intervenciones quirúrgicas, sobre todo por retrasos o mala gerencia en los diferentes hospitales. Es decir, que por falta de tiempo, a veces por negligencia o por mala administración se acumulan una serie de necesidades dentro de la población que nos ha permitido a nosotros desarrollar, a través de estas jornadas humanitarias, operativos que van directamente a atender a las clases más humildes, más necesitadas, que por supuesto son las que han sufrido este gran problema.

Por eso es que el pueblo se identifica más con el movimiento revolucionario. Si lo explicamos de esa forma, simplemente se basa en que en los últimos 40 años las Fuerzas Armadas estaban directamente encerradas en los cuarteles. Sufrió de muchas críticas, por ejemplo, se decía que los militares eran parásitos, que tenían un buen sueldo y que no hacían nada. Sin embargo, este gobierno, ya sea porque nace un hombre de sus entrañas, como es el caso del presidente de la República, quien conoce las capacidades y las potencialidades de las Fuerzas Armadas, es quien se da cuenta de su gran estructura, que está diseminada a nivel nacional y que tiene una enorme capacidad de respuesta.

De esa manera, se logra coordinar un plan que inicialmente se llamó el Plan Bolívar 2000, pero que a ello se le agrega la labor humanitaria, que nos lleva a atender a los más necesitados. Por supuesto, la respuesta ha sido efectiva, la población recibió beneficios sustanciales y lo demuestra con su actitud, está muy contenta con el trabajo realizado en los diferentes barrios, durante los tres primeros años del Plan Bolívar 2000.

Por supuesto, la oposición, los partidos de oposición al ver el éxito de este plan, trató de atacar a las Fuerzas Armadas, señalando a algunos casos de oficiales corruptos, aunque sabíamos que era una patraña política armada, porque con nuestra actitud le estábamos dando respuesta a algo que ellos realmente no habían hecho nunca.

Sin embargo, mantuvimos la posición de que debíamos seguir en los barrios y apoyando a la población, para tratar de saldar una deuda social que durante tantos años se había venido acumulando. Por ejemplo, en los barrios de Caracas donde se presentan los mayores problemas, como es el abastecimiento de agua, que la reciben cada 10 ó 15 días, no la reciben con la regularidad que debe recibirla una familia para su aseo personal o para sus comidas, solo se limitan a almacenarla. Por eso, como decimos aquí, lo más importante son las condiciones del hombre dentro de una sociedad.

Teniendo en cuenta todos esos aspectos, el plan del gobierno nacional, apoyado en las Fuerzas Armadas, implementa una cantidad de operativos para mitigar un poco las necesidades que hay en estos barrios, así como el mejoramiento de sus viviendas.

Se construyeron o instalaron tanques de agua en viviendas para que por lo menos aumentara la capacidad de almacenamiento y le permitiera bajar la falta del líquido de 10 a cuatro o un cinco días. Por supuesto, se realizó un plan especial de recuperación de viviendas, que llamamos Plan Revida, porque es un plan de reparación de viviendas en los barrios.

Acuérdense que los barrios nacieron de una manera, yo diría que descontrolada, porque el pueblo busca respuestas cuando no consigue un gobierno que las ofrezca. El pueblo busca satisfacer sus necesidades cuando el gobierno no las satisface. Y por supuesto, en estos 40 años se fueron acrecentando y ahora nos encontramos que tienen invadido a Caracas, precisamente en busca de una mejor calidad de vida, pero viviendo en condiciones infrahumanas, en viviendas de poca calidad, donde realmente no disponen de lo mínimo necesario.

El gobierno nacional, a través de diferentes iniciativas, lanza el plan Reviva y el Plan Avispa, que es un plan que va dirigido a la reconstrucción de viviendas ya establecidas y a sustituir ranchos insalubres, de pocas condiciones, por viviendas dignas, construidas bajo el sistema de la autoconstrucción y con algunas experiencias de países latinos y países de Europa, que han implementado diferentes sistemas para la solución habitacional.

Yo diría que en el poco tiempo que tienen estos planes de implementados, han dado resultados inmensamente positivos. Hemos visto a las familias agradecidas de un gobierno que por lo menos les ha dado atención en momentos difíciles, de crisis. Por esas razones es que la oposición ha atacado al gobierno y lo ha acusado de populista, porque se está dedicando a mejorar de una u otra forma, la calidad y posibilidad de vida de las personas.

Todas estas cosas llevan por dentro una gran idea del presidente, la de implementar varias misiones, con el fin de complementar el mejoramiento de la calidad y el crecimiento humano.

Por supuesto, hemos sido atacados de diferentes formas, unos dicen que no estamos unidos, que estamos divididos, fracturados. Solo le diré que una de las respuestas más claras que podemos dar es que las Fuerzas Armadas están cada día más unidas y el ejemplo se tiene en el paro bestial, el paro fascista de diciembre del pasado año que duró dos meses y donde nosotros logramos parar el golpe de estado debajo de la tierra, con unión y con fortaleza.

El golpe de estado

Todos los comandantes de guarnición se sumaron al plan.

Comenzamos a hacer reuniones con los oficiales que dominaban las computadoras, ingenieros en computación y en red de sistemas, técnicos superiores, con el fin de reestrenarlos porque sabíamos que teníamos que estar preparados para asumir la responsabilidad de los trabajadores de PDVSA que iban a abandonar su labor.

Después de preparar la parte técnica, nos dedicamos a ver cuáles eran los puntos vulnerables del sistema, su capacidad de reserva y cómo con un plan de racionamiento se podía duplicar esa posibilidad. Llegamos a saber cuántas bombas de gasolina había en cada sector, cómo distribuirla, quiénes eran los responsables de cada bomba y de los llevaderos y dónde estaban los patios de las góndolas, para la distribución.

El resultado final es que ese plan se ejecutó de manera total, amplia y segura, a pesar de sus dificultades y les dimos a los fascistas una respuesta contundente, a pesar de que el estado con esa operación nefasta perdió más de 10 mil millones de dólares.

Ahora, con relación al golpe de estado, yo estoy en esos momentos como comandante de la Tercera división, es cuando vengo observando un recalentamiento en la ciudad. Empiezan a producirse paros, manifestaciones, tranques de autopista, de vías, entre otros. Por supuesto, eso ocurría en el este de la ciudad, en los barrios de la gente de mayores recursos, porque los barrios pobres estaban totalmente tranquilos. Todo eso coincidía con las medidas y las 44 leyes que el gobierno estaba adoptando para beneficio del pueblo.

Recuerden que los poderosos siempre son minoría, pero cuando se perjudica a uno el otro se siente atacado también, es el momento en que se produce el ataque de los medios de comunicación, asumiendo el papel de los partidos políticos.

Esta campaña fue abiertamente fascista, terrorista, porque empezaron a crear el odio en la población. Hacen una convocatoria para lanzar un "cacerolazo", utilizando en Venezuela los mismos métodos que emplearon para derrocar a Allende.

Empezaron a estudiar la vida de los oficiales, cuáles eran sus debilidades, sus fortalezas, la forma de ganárselos, todo lo implementaron con el objetivo de estudiar la personalidad de cada uno de ellos. Para los que no resultaran fáciles de conquistar, tenían otro plan especial, que era eliminarlos o sacarlos del juego.

Cuando esto se está produciendo, sobre todo el recalentamiento de la ciudad, el alto mando me da la orden para que del 5 al 20 de abril condujera las operaciones militares de un ejercicio táctico con los oficiales de mi estado mayor en la ciudad Vigía, en el estado de Mérida.

Tomaron esa decisión porque ya tenían previsto, entre el 11 y el 19, efectuar el golpe de estado y sabían, además, que el comandante de la guarnición iba a ser un estorbo, quizás por eso es que me dan la orden para conducir un ejercicio de ese tipo.

Por mis responsabilidades cumplía misiones propias de comando y de guarnición, pero también tenía bajo mi responsabilidad el orden interior, por lo que decidí pedirle al general Lucas la autorización para no ir a un ejercicio de esa magnitud. El general está de acuerdo conmigo y es así que le comunico al comandante del ejército, que no podía asistir al ejercicio.

En el primer momento me dicen que sí, que no había problemas, pero viene después otra contraorden donde se me dice que tenía que movilizarme y me dan hasta la fecha exacta. Es decir, que no le hicieron caso al general Lucas, le pasan por encima y me dicen que tengo que irme. Cuando veo la orden, se lo informo de nuevo al comandante del ejército y le exijo que me exceptuara de esa orden. No me contestó y como no me contestó lo asumí como una aceptación a mi recomendación.

Así se llega al día 11 en la mañana, me encuentro en este mismo despacho con el entonces ministro de Defensa, José Vicente Rangel[57], el general Lucas, un oficial del alto mando, el comandante jefe del estado mayor que era el almirante Escudero y el general Vázquez Velazco, donde estábamos analizando la situación que aparecía por televisión.

Como conclusión, decidimos que teníamos que dar un aviso, un mensaje institucional al canal para que se tranquilizaran. Es cuando observo que el doctor José Vicente Rangel viendo la magnitud de la situación, con una marcha que va desde el parque Este y que luego cambian hacia Miraflores, se preocupa y llama a Martel Yanier y le dice en mi presencia, "mire doctor, vea lo que está ocurriendo, en el Palacio de Miraflores hay aproximadamente un millón de personas apoyando al presidente y solo lo que vamos a buscar es un enfrentamiento o un choque de dos masas humanas, donde va a haber miles de muertos. Entienda".

---

57. Actual Vicepresidente de la República Bolivariana de Venezuela.

En ese momento, es cuando se decide hacer un pronunciamiento institucional para por lo menos llevar un poco de tranquilidad a la población. Cuando estamos bajando a la sala de televisión del Ministerio, observamos que el general Vázquez Velazco había ido varias veces al baño y no se presenta en el momento del mensaje institucional.

Se esperó un buen rato, lo esperamos, pero ya teníamos la duda. En vista de su retardo no quedó más remedio que lanzar el mensaje donde se llamaba a la tranquilidad y que se estuviera consciente de que las fuerzas armadas conocían todo lo que ocurría. Finalmente, yo subo nuevamente y le digo al general Lucas, "mira, me voy para activar de una vez el Plan Ávila".

Ese plan para nosotros indicaba lo que cada cual tenía que hacer y cuál era su responsabilidad. En el caso de la alteración del orden público se tenía una misión especial definida, que era la protección y seguridad de las instalaciones más importantes, en particular el Palacio de Miraflores, el Palacio de Justicia y la Asamblea Nacional.

En vista de lo que está sucediendo, me voy al comando de la Tercera división donde se encontraban todos los generales viendo la televisión, que ya estaba diciendo que el presidente Chávez se caía porque no había dado la respuesta que el pueblo esperaba y que definitivamente ya se veía venir algo así como un golpe de estado.

En esos momentos, es que ordeno activar el Plan Ávila porque aprecio que las cosas se están poniendo difíciles. Salimos a hacer un recorrido por todos los batallones, a sacar todas las tropas con armamento y a llamar a las tropas a formación. Sacamos los tanques, para equiparlos en armamento y municiones. Cada tanque que salía, tanque que iba para el patio de honor del batallón Bolívar.

Allí no arrancaron como unos ocho vehículos, dejamos al mecánico para que tratara de solventar esas situaciones y apenas terminaba los mandaba para donde estábamos. Así logramos reunir unos 40 tanques en palacio. Aproximadamente a las 2:30 de la tarde, observo que empiezan a entrar una cantidad de vehículos extraños al fuerte, es cuando me dicen que los golpistas habían tomado la

Alcabala, que es la que hace contacto con la autopista regional del centro. El camino lo llenan de carros, autobuses, camiones y gandolas, convirtiendo la autopista en un desastre, porque la llenaron completa de vehículos.

En consideración a la situación, es que decido desocupar Alcabala Tres y al resto desviarlo por Alcabala Dos y por Alcabala Uno.

Así se hizo y es el momento en que el presidente quiere establecer contacto con Rosendo Manuel, comandante del Cufa, pero este no atiende el llamado. Yo estoy escuchando todo por radio, es cuando le digo al Presidente que le hablaba el comandante del Plan Ávila y le pregunto qué era lo que quería, por lo que establecemos el siguiente diálogo:

—Bueno, ¿qué tienes ahí?

—Tengo las tropas disponibles para conducir el Plan Ávila.

—¿Y los tanques?

—Los tanques están a la orden suya, están en espera de una orden suya.

Inmediatamente me ordena:

—Mándame 20 tanques para prestar seguridad al Palacio.

Me reúno con el comandante de tanques, el general Silva, es cuando decidimos conducir los tanques hacia palacio por la vía donde menos posibilidad hubiera de un enfrentamiento. Como se planificó así se hizo, salieron los tanques y llegaron al Palacio de Miraflores. Nosotros teníamos una desventaja y era que el comandante del batallón Ayala, estaba en contacto con ellos, ya era de ellos, cosa que no conocíamos.

En ese espacio, el general Vázquez Velazco llama al comandante por teléfono y le dice que se llevara los tanques y así lo hace, quedando el Palacio de Miraflores desguarnecido, sin seguridad. Es cuando se valen de eso para llamar al presidente por teléfono, amenazarlo y decirle que si no renunciaba iban a ir con los tanques y con la fuerza aérea a bombardear.

Por supuesto, ante esa conversación en que le están pidiendo al presidente la renuncia y donde él no quiere negociar, yo, que me encontraba en palacio, pido prestado un carro y me voy para el fuerte. Ya habíamos capturado a los oficiales que se habían alzado en la toma de las alcabalas militares y los teníamos en lugar seguro.

Cuando entro al fuerte pensé que iba a ser detenido, pero en vista de que no lo hicieron me fui a la Trinidad Morán y compruebo que ahí están todos los oficiales comprometidos en el golpe, que habían tomado las alcabalas y que eran los que habían metido los vehículos en la vía para provocar el caos.

Una vez que converso con ellos y los oriento, me voy hacia el patio del batallón Bolívar, allí se presenta una comisión encabezada por el general Castillo Casto y el coronel Estúver Pineda, con un grupo de oficiales y soldados, que me quieren detener.

Por supuesto saqué mi pistola, les dije que ellos me conocían y al que se le ocurriera detenerme tenía que enfrentarse conmigo. Al ver mi actitud se quedaron un poco tranquilos, y cuando le pregunto al coronel Montilla si ese era su carro, respondiéndome que sí, le digo "¡vamos para palacio!".

Me monté en el carro y me fui para Miraflores. Estábamos llegando a la altura del Paraíso, en el segundo túnel, ya estamos casi por salir, pero vemos que está obstaculizado todo el tránsito porque ya Leopoldo López, el alcalde, lo había trancado con las patrullas, al tener conocimiento de que los tanques habían salido. Ahí le quitó las llaves a todos los dueños de los carros para que ninguno se pudiera ir.

Como quedamos en la boca del túnel y para que no nos cerraran los carros de atrás, giramos en sentido contrario por el mismo túnel, haciendo cambios de luz. Fuimos a parar al cementerio, para después ir hacia la DISIP, pero cuando llegamos, lamentablemente los golpistas ya la habían tomado. En medio de todo, aprovecho una confusión que hubo con el director de la DISIP, al que tenían preso. Este le dice que yo lo había ido a buscar, me lo dan para que lo trajera preso y resulta que de esa forma fue que pudimos salir y venir para acá, pero a todas estas no sabíamos qué hacer.

Cuando llegamos me dicen que el presidente se encontraba en la comandancia, que querían hablar con él, que no había nada que temer, porque le iban a dar todas las consideraciones y que además, querían que yo estuviera presente, para conversar conmigo. Me vine y cuando llego al quinto piso me meten en el baño, me encierran y me dicen que eso estaba planificado desde hacía años, porque era la única forma de que hubiera menos muertos. Hasta habían planificado algunos muertos como realmente sucedió, tenían los francotiradores en el sector por donde ellos nunca pasaron. A ellos les interesaba matar personas de ambos bandos para crear la confusión. Es así que matan a 35 seres humanos, entre padres de familia, niños y niñas.

Todo eso me lo cuentan en el baño. Cuando logran abrir la puerta, salgo y veo que en el despacho está sentado Carmona, en la silla del comandante general del ejército. Se sentían muchas ambulancias. Todos se le acercaban, lo abrazaban, lo saludaban. Otros, en la medida en que iban llegando se iban incorporando se iban echando los cuentos, festejaban, celebraban con whisky, con champaña y uno viendo todas ese espectáculo.

Comprendí que esa era la oportunidad de irme, pues allí no hacía nada. Fui para mi casa, pensé que me iban a llevar preso en el momento en que monté en el ascensor, porque vi a un coronel y a un general que me estaban llamando y como no me dijeron nada, me monté en el ascensor y me fui para mi casa.

Aproximadamente, a las 7 de la mañana regresé a la Tercera división y empecé a llamar a los oficiales, para decirles que pensaran bien lo que iban a hacer, que era importante que vieran que el presidente no había renunciado. Conversábamos con ellos, mientras se producía el pronunciamiento de Carmona por televisión, donde se autojuramenta como presidente y donde eliminan todos los poderes, es ahí cuando comienzan los problemas, porque muchos de los mandos aspiraban a cargos, como era el caso de Medina Gómez, que quería convertirse en el comandante del ejército y al comprobar que no era así, se le vio muy disgustado. Eso se puede comprobar en el vídeo, donde se le vio un gesto en la cara de lo arrepentido que estaba.

Estamos hablando del día 12, en el que algunos oficiales ya se dan cuenta de que los habían utilizado y que por el contrario, les habían quitado el cargo. Molestos con su actitud, los comandantes de unidades, por las conversaciones que habíamos sostenido con ellos anteriormente, los obligan a ir a una reunión al día siguiente, porque querían que les explicaran, ya que no conocían de la renuncia de Chávez y no estaban de acuerdo con que una persona se autonombrara presidente y eliminara todos los poderes.

Se cita a todos los generales golpistas a una reunión a la 1 de la tarde, en el batallón Ayala. A mi no me notifican de esa reunión, pero me entero y a las 11 de la mañana le digo al jefe de la policía militar que dejara pasar a toda la gente que estaba en el puente, que eran más o menos 400 000 personas, para meterlos al edificio, donde se encontraba el alto mando, todos los golpistas y Carmona.

Yo quería traer al pueblo para rodear el edificio, pero el jefe de la policía militar me dijo que no, que él estaba asustado porque iba a suceder una desgracia. Viendo su temor, le digo, "cuidado si me delatas y si dices que vine para acá a decirte esto". Lo amenacé en verdad, porque yo presentía que el hombre me iba a delatar.

De allí me fui para donde estaba la reunión. Cuando llego al batallón Ayala le digo al comandante del batallón de tanques, el teniente coronel Cepeda Báez, que me diera los tanques, teniendo en cuenta de que soy su comandante de división y ese batallón depende de mi.

Es por eso que le digo que necesito llevarme los tanques, porque quiero colocar un punto fuerte en el batallón Bolívar, o sea, combinar infantería-tanque y ahí no nos vamos a rendir hasta que el asunto no se solucione. Esa era la posición mía.

Me dice que no me puede dar los tanques porque está cumpliendo órdenes estrictas del comandante del ejército. No quise discutir y empiezo a ver llegar todos los golpistas, es decir a todos los oficiales y generales golpistas. Entramos a la sala donde estaban sentados todos los tenientes coroneles que habían exigido que les explicaran lo que estaba sucediendo, porque a ellos en ningún momento le habían mostrado la renuncia del presidente.

Me acuerdo que sale un muchacho de la unión de ingenieros y hace esa primera pregunta, "yo estoy aquí, no sé qué es lo que está sucediendo, no me han enseñado la renuncia del presidente y no estoy de acuerdo con lo que está pasando. Se han eliminado todos los poderes públicos, eliminado la Asamblea Nacional, el Tribunal Supremo y creo que nosotros necesitamos una explicación".

Eso hace que otros oficiales se paren y recriminen la actitud que han tomando, por lo que el general Rudy Guzmán, uno de los golpistas tiene que pararse y empezar a decirles unas cuantas cosas para tratar de convencerlos. Le sigue en la palabra el general Martínez Vidal, quien expresa que los cerros están llenos de los círculos bolivarianos, armados y que Chávez es culpable de todos las muertes que ocurrieron el día 11. Por eso era necesario cambiar al presidente, porque no había podido cumplir con lo que el pueblo le había exigido y para lo cual lo habían elegido.

Eso hizo que yo me parara y dijera, "miren, aquí estamos hablando y dando calificativos, pero si vamos a hablar del pueblo, lo primero que hay que decir es que ese pueblo de los cerros está armado, pero armado hace 40 años de hambre y miseria. Y el tema que vamos a tocar aquí no es el tema de los círculos bolivarianos ni el tema sobre los cerros que están armados. Aquí lo que estamos discutiendo es que hay un pueblo que está pidiendo la presencia del presidente y que está en este momento frente al Alcabala tres, donde hay más de 400 000 personas, que a como de lugar van a sobrepasar las barandas y se van a meter. El pueblo necesita una respuesta, de lo contrario se va a crear una guerra civil y va a suceder una desgracia".

Eso hizo que todo el mundo se sentara y se empezara a redactar un documento, que supuestamente iba a ser el segundo pronunciamiento, se dirigen al general Vázquez Velazco, que se encontraba al lado mío, quien por supuesto llevaba por dentro la inconformidad de que apoyó el golpe de estado y no le habían dado el cargo a que aspiraba. Estaba molesto, pues se metió en el golpe y el resultado es que el que salió golpeado fue él. No tenía cargo y había hecho el papel del bobo.

En ese momento se presenta el general Navarro Chacón a quien lo habían nombrado ministro de la Defensa de Carmona, en sustitución del almirante Ramírez Pérez, que había reclinado el puesto, previendo lo que se le venía encima. Cuando llega a esa reunión, no quiso que se hiciera ningún pronunciamiento.

Le dice al general Vázquez Velazco que por favor lo acompañara, y este le responde que esperara un momento porque quería terminar de redactar el documento. Navarro Chacón insiste en sacar a Vázquez Velazco del salón, pero yo le digo, "mire mi general, le agradezco por favor que espere a que el general Vázquez Velazco termine algo que para nosotros es importante".

Me espeta que no quería nada conmigo y le respondo que yo tampoco con él y que le agradecería que desocupara el salón porque nosotros estábamos trabajando y que se retirara. Cuando terminan de redactar el documento, Vázquez Velazco, molesto, me lo entrega y me pide permiso para hablar con el general Navarro, que estaba como a 50 metros del lugar.

Cuando leo el documento veo una cantidad de barbaridades que han escrito. Entonces empecé a rayar y a tachar las cosas que no consideraba apropiadas. Allí se decía que estaban de acuerdo con que Chávez dejara el poder, pero que iban a restablecer otra vez los poderes públicos, que iban a darle al pueblo todos los beneficios que en materia social habían conseguido y otra cantidad de cosas por el estilo.

Tachamos casi todo el documento y dejamos cosas pequeñas y puntuales, como que había que regirse por la constitución, que era importante que se volviera a instaurar el estado de derecho, o sea, volver a las cosas que realmente dice la constitución.

En un momento, estamos dándole un margen a los oficiales y al final me paro y les digo a los comandantes de batallones, "los que tienen el poder son ustedes, tienen las armas, tienen los hombres, qué hacemos sentados aquí. Vamos a buscar al general para que se venga de una vez y se acabe esto. Vamos a tratar de salvar a la gente pues si no, va a haber una matazón, porque los soldados van a hacer un desastre".

Todos nos levantamos y fuimos a buscar a Navarro y a Vázquez Velazco. Me acerco y les digo, "miren, necesitamos terminar esto, no podemos seguir dándole más tiempo. Va a haber una matazón y ustedes son los responsables de la situación".

Seguidamente pasamos hacia dentro del salón y le digo a Vázquez Velazco, "practique, porque vamos a pasar a la prensa". El hojea el documento y se da cuenta que casi lo taché todo, lo ve y no dice nada. Le reafirmo que debe practicar pues viene la prensa, pero me informan que como se fueron todas las repetidoras no hay micro onda, y Venezuela no puede salir, sino diferido.

Uno de los presentes indica que si sale diferido van a hacer cambios, no van a decir la verdad y lo van a tergiversar. Por tanto necesitamos salir en vivo aunque sea solo la voz. Una muchacha que está oyendo y que forma parte de la prensa, señala que podemos llamar a un señor que trabaja en CNN Atlanta y le pidamos que nos haga un pase a Venezuela para salir en vivo, aunque fuera solo con la voz.

Tras mucho insistir conseguimos la llamada telefónica donde dijimos, "esta es una llamada de Venezuela, no queremos repetidora, tenemos todas las microondas en el suelo; necesitamos que nos dé un pase pago para leer el segundo pronunciamiento sobre el golpe de estado".

Por supuesto, para el periodista es un notición. De esa forma es que se da lectura al segundo pronunciamiento, donde se reconoce la constitución y se exige que se volviera al estado de derecho. Eso fue lo que volteó finalmente la tortilla.

Los golpistas salieron disgustados de allí, entre ellos decían, "vámonos para el ministerio, vámonos para el ministerio". Y todos vienen para acá.

Yo voy para la Tercera división donde me informan que hay una orden de captura contra mi y una habitación preparada en el batallón del regimiento para mi apresamiento.

Cuando me dicen eso, me voy para donde está concentrado el pueblo, utilizo como tribuna un tanque de guerra, tomé un micrófono y delante de toda la prensa le dije a la gente que no se fueran, que era importante que permanecieran allí, porque se iba a leer un segundo pronunciamiento a favor de la constitución y que estábamos seguros de que las cosas iban por buen camino.

"El presidente no está aquí, les dije, no está aquí porque se lo llevaron para La Orchila, pero ya se están haciendo todos los trámites para regresarlo". El pueblo me aplaudió e hizo de todo, al rato, uno se me acerca y me expresa, "como están todos en el quinto piso, por qué no los hacemos preso". Y dije, "¡coño, verdad que sí!".

Agarré a los coroneles Montia Pantoja y a Granadillo, busqué a Ángel Albietri y les di instrucciones para que subieran al edificio y, con los capitanes del batallón Caracas, tomaran el quinto piso y los detuvieran a todos. Inmediatamente los oficiales suben, cortan la luz, rompen la puerta del despacho y les dicen que estaban presos por golpistas, le quitaron los celulares a todos. También estaba allí, uniformado, San Marino que había sido dado de baja y Molina Tamayo, pero no se encontraba Carmona. Él estaba en la habitación contigua, cuya puerta se hallaba cerrada.

Como el coronel conocía el edificio, mete a los soldados por atrás y los saca por la sala de conferencia, que tiene comunicación directa con la habitación donde encuentran a Carmona. El coronel le da un golpe por la espalda y le dice que está detenido porque ha violado la Constitución de la República Bolivariana de Venezuela.

Carmona redacta ahí mismo su renuncia como presidente e inmediatamente me llaman para darme la información. Agarro el parlante y le doy la noticia al pueblo que estaba esperándola.

Posteriormente, nos fueron llamando las guarniciones que estaban a favor del presidente y que progresivamente se iban incorporando cada vez más, mientras nosotros seguíamos informándole al pueblo que ya la guarnición de Zulia, de Barquisimeto, la de Carúpano y la de Valencia estaban llamando a favor de la constitución y eso fue lo que dio fortaleza.

En ese momento se empezaba a sentir un ambiente diferente. La gente estaba contenta, eso se mantuvo hasta las 3.30 de la mañana, cuando se empezó a tener noticias de que al presidente ya lo traían en helicóptero para Miraflores. Es cuando la gente se va caminando desde el valle, por toda la autopista hasta Miraflores, porque querían ver la llegada del presidente.

Nosotros fuimos a recibirlo, verdaderamente fue un momento emocionante, fue un momento de felicidad, toditos ahí nos abrazamos, vimos como con el esfuerzo del pueblo y de las fuerzas armadas se logró rescatar el hilo constitucional, se logró, más que todo, rescatar la dignidad que todo el pueblo pedía con emoción, cuando vio tronchadas sus esperanzas, sus aspiraciones.

Por eso es que en ese proceso considero que hicimos un papel importante junto con el pueblo, porque fue quien nos dio fortaleza para superar la situación. Ese día yo lo he llamado siempre, el día de la unión cívico-militar y el de la resurrección nacional.

NOTAS DE VIAJE
Diario en Motocicleta
Por Ernesto Che Guevara
Prólogo por Aleida Guevara

Vívido y entretenido diario de viaje del Joven Che. Esta nueva edición incluye fotografías inéditas tomadas por Ernesto a los 23 años, durante su travesía por el continente, y está presentada con un tierno prólogo de Aleida Guevara, quien ofrece una perpectiva distinta de su padre, el hombre y el icono de millones de personas.

168 páginas, ISBN 1-920888-12-8

AMERICA LATINA
Despertar de un Continente
Por Ernesto Che Guevara
Editado por María del Carmen Ariet García

La presente antología lleva al lector de la mano, a través de un ordenamiento cronológico y de diversos estilos, por tres etapas que conforman la mayor parte del ideario y el pensamiento de Che sobre América Latina.

450 páginas, ISBN 1-876175-71-0

JUSTICIA GLOBAL
Liberación y Socialismo
Por Ernesto Che Guevara
Editado por María del Carmen Ariet García

Estos trabajos escritos por Ernesto Che Guevara, que constituyen verdaderos clásicos, nos presentan una visión revolucionaria de un mundo diferente en el cual la solidaridad humana, la ética y el entendimiento reemplazan a la explotación y agresión imperialista.

78 páginas, ISBN 1-876175-46-X

LIBROS DE OCEAN PRESS

CHE DESDE LA MEMORIA
Los dejo ahora conmigo mismo: el que fui
Por Ernesto Che Guevara

Che desde la Memoria es una visión intimista y humana del hombre más allá del icono; es una extraordinaria fuente histórica que conjuga fotografías y textos de Che Guevara convertidos en testimonio y memoria de su reflexiva mirada sobre la vida y el mundo. Cartas, poemas, narraciones, páginas de sus diarios, artículos de prensa y fotos tomadas por él mismo, nos permitirán conocer su vida, sus proyectos y sus sueños.

305 páginas, ISBN 1-876175-89-3

CHE GUEVARA PRESENTE
Una antología mínima
Por Ernesto Che Guevara
Editado por María del Carmen Ariet García y David Deutschmann

Una antología de escritos y discursos que recorre la vida y obra de una de las más importantes personalidades contemporáneas: Ernesto Che Guevara. *Che Guevara Presente* nos muestra al Che por el Che, recoge trabajos cumbres de su pensamiento y obra, y permite al lector acercarse a un Che culto e incisivo, irónico y apasionado, terrenal y teórico revolucionario, es decir, vivo.

460 páginas, ISBN 1-876175-93-1

EL GRAN DEBATE
Sobre la economía en Cuba
Por Ernesto Che Guevara

Con la tónica de una fraterna confrontación de ideas, abierta, profunda, flexible y fundamentalmente desde posiciones revolucionarias, para perfeccionar el socialismo desde la izquierda, se desarrolló el Debate que recoge este libro. Estamos seguros que será de inmensa utilidad en las condiciones actuales, en los inicios del siglo XXI.

416 páginas, ISBN 1-876175-68-0

CHILE: EL OTRO 11 DE SEPTIEMBRE

Editado por Pilar Aguilera y Ricardo Fredes

Una antología acerca del 11 de septiembre de 1973 que incluye trabajos de Ariel Dorfman, Salvador Allende, Víctor Jara, Joan Jara, Beatriz Allende, Mario Benedetti y Fidel Castro.

"No es la primera vez. Para mí y para millones de otros seres humanos el 11 de Septiembre viene siendo hace vientiocho años una fecha de duelo." —Ariel Dorfman

88 páginas, ISBN 1-876175-72-9

1963: EL COMPLOT

Por Fabián Escalante

1963: El Complot nos narra cómo en ese particularmente complejo año, los bisoños oficiales cubanos no sólo neutralizaron los planes del espionaje norteamericano, sino que penetraron cada una de las organizaciones contrarrevolucionarias internas y a las mismas estructuras de la CIA. Combatiente clandestino contra la tiranía de Fulgencio Batista, Fabián Escalante inició su carrera en los Servicios de contraespionaje cubanos. Desde su creación en 1959 como oficinista, llegó a ser el Jefe de la Seguridad cubana.

248 páginas, ISBN 1-920888-07-1

PUNTA DEL ESTE

Proyecto Alternativo de Desarrollo para América Latina

Por Ernesto Che Guevara

"Voy a explicar, ademas, por qué esta Conferencia es política, porque todas las Conferencias económicas son políticas; peor, es además política porque está concebida contra Cuba, y está concebida contra el ejemplo que Cuba significa en todo el continente americano".
—Intervención del Comandante Che Guevara ante el Consejo Interamericano Económico y Social de la OEA (CIES) el 8 de agosto de 1961.

244 páginas, ISBN 1-876175-65-6

FIDEL EN LA MEMORIA DEL JOVEN QUE ES

Por Fidel Castro

Editado por Deborah Shnookal y Pedro Alvarez Tabio

Este libro recoge, por primera vez en un solo volumen, los
excepcionales testimonios que en contadas ocasiones el propio Fidel
ha dado sobre su niñez y juventud.

183 páginas, ISBN 1-920888-19-5

CHE EN LA MEMORIA DE FIDEL CASTRO

Por Fidel Castro

Por primera vez Fidel Castro habla con sinceridad y afecto de su
relación con Ernesto Che Guevara, Castro presenta una imagen viva
del Che, el hombre, el revolucionario, el pensador y describe en detalle
los últimos días con Che en Cuba.

206 páginas, ISBN 1-875284-83-4

GUERRA FRIA

Por Fidel Castro

¿Quién ganó la Guerra Fría?
En una entrevista de una franqueza asombrosa, Fidel Castro
revela unos hechos increíbles acerca del conflicto que llevó
el mundo al borde de aniquilación.

91 páginas, ISBN 1-876175-91-5

HAYDÉE HABLA DEL MONCADA

Por Haydée Santamaría

Prólogo por Celía Maria Hart Santamaría

Testimonio conmovedor de una de las principales protagonistas de la
Revolución Cubana, Haydée Santamaría. Forman parte de este libro
dos textos únicos: la carta que Haydée enviara a sus padres a los
pocos días de ingresar a prisión, inédita hasta ahora, y un prólogo
escrito por su hija, Celia María Hart Santamaría.

77 páginas, ISBN 1-876175-92-3